ELMAR RASSI

Schweineglück

Lass los und suhl dich im Leben

Zehn universelle Regeln, die dein Leben verändern

kailash

Quellennachweis: Zitat von Steve Jobs auf S. 127 aus: Steve Jobs' Stanford Commencement Address, 2005 http://news.stanford.edu/2005/06/14/ jobs-061505/

Bildnachweis: S. 25, 26, 27: privat; alle anderen Fotos: Frank Bauer

Verlagsgruppe Random House FSC® N001967

1. Auflage
Originalausgabe
© 2017 Kailash Verlag, München
in der Verlagsgruppe Random House GmbH
Neumarkter Str. 28, 81673 München
Lektorat: Friedel Wahren
Satz: Satzwerk Huber, Germering
Umschlaggestaltung und Layout: Daniela Hofner,
ki 36 Editorial Design, München
Umschlagmotiv: Frank Bauer
Druck und Bindung: CPI book GmbH, Leck
Printed in Germany
ISBN 978-3-424-63135-7
www.kailash-verlag.de

Meiner Mutter gewidmet –
und all den Menschen,
die mit ihrer Begeisterung dazu
beigetragen haben, dass dieses
Buch entstehen konnte

» Frag dich nicht,
was als richtig gilt,
sondern was du fühlst.
Dein Leben muss
nicht perfekt sein,
nur echt! «

Inhalt

Vorwort

Manchmal ist das Leben einfach wunderbar. Morgens wacht man mit einem Lächeln im Gesicht auf, und alles, was man den Tag über angeht, gelingt fast wie von selbst. Man hat Menschen um sich, die einen lieben, und spürt, dass man andere durch seine Art oder seine Anwesenheit glücklich macht. Am liebsten möchte man den Augenblick festhalten, ihn bewahren und für immer ins Herz schließen. Man hat ganz einfach ein Schweineglück.

Dann wieder wachen wir auf und fragen uns, wofür das alles gut sein soll. Wir fühlen uns gefangen in unseren täglichen Verpflichtungen. Menschen, die uns etwas bedeuten, verletzen und hintergehen uns. Gerade noch hatten wir einen Punkt erreicht, an dem wir glaubten, endlich angekommen zu sein – doch dann passiert etwas, das alles ins Wanken bringt. Unsere Welt bricht zusammen, und wir fragen uns: Woher sollen wir die Kraft nehmen, uns wieder aufzurichten? Wo bitte geht's zum Glück?

Kennst du das auch, dieses Gefühl, dem Schicksal ausgeliefert zu sein? Im Guten wie im Schlechten? Denkst du auch manchmal: Da muss doch noch mehr sein? Hast du auch den Wunsch, den ganzen Ballast abzuwerfen, der dich runterzieht, und einfach mal glücklich sein zu dürfen? Dich so richtig im Leben zu suhlen?

Als Glückscoach habe ich es zu meiner Leidenschaft gemacht, anderen Menschen zu einem erfüllteren Leben zu verhelfen. Und es funktioniert!

Meist ist das Leben voller Herausforderungen, und wir müssen eine Menge dafür tun, um glücklich zu sein. Und genau das ist der Punkt: Wir *können* nämlich eine ganze Menge dafür tun, um (trotz allem) glücklich zu sein. Heute weiß man, dass es zu fünfzig Prozent angeboren ist, ob ein Mensch in sich glücklich ist oder nicht. Das bedeutet: Selbst wenn das Glück absolut nicht in deinen Genen liegen sollte, hast du dennoch die Chance, dein Leben um mindestens fünfzig Prozent erfüllter zu gestalten. Denn Glück kann man trainieren.

Immer wieder habe ich mich in den vergangenen Jahren gefragt, warum manche Menschen glücklicher und erfolgreicher sind als andere. Überraschenderweise habe ich bei den positivsten Menschen immer dieselben Lebensregeln entdeckt, die ihnen die Tür zu innerem und äußerem Glück öffnen. Es sind einfache Glückszutaten, die für jeden von uns funktionieren und die ich dir in diesem Buch vorstellen möchte. Dabei habe ich nicht den Anspruch, das Rad neu zu erfinden. Schon seit Tausenden von Jahren wissen die Menschen, was ihnen guttut. Denn alles, was man wirklich braucht, um ein glückliches und zufriedenes Leben zu führen, steckt bereits in einem drin. Man muss nur manchmal mit der Nase darauf gestoßen werden.

Auf den nächsten Seiten lernst du, wie du die Glücksregeln in deinem Leben anwenden kannst. Das ist nicht schwierig, und es kostet dich auch nicht viel Zeit. Du musst nichts weiter tun, als dich auf den Weg zu begeben. Und in dem Moment, in dem du dich dazu entscheidest, hast du schon gewonnen. Denn Glück ist immer auch eine Sache der Entscheidung.

Vielleicht hast du schon eine ganze Menge Ratgeber zu diesem Thema gelesen und stellst fest, dass sich in deinem Leben

bisher nicht viel geändert hat. Oder du hast das Gefühl, da geht noch mehr: mehr Lebensfreude, mehr Energie, mehr Spaß, mehr Selbstverwirklichung. Mehr Liebe. Mehr Glück. In beiden Fällen bist du hier genau richtig.

Lass mich dein Reisebegleiter sein auf deinem Weg. Mit den inspirierenden Geschichten, den Techniken und Tipps in diesem Buch wirst auch du das Glück dauerhaft in dein Leben einladen.

Warum aber heißt dieses Buch »Schweineglück«? Ganz einfach: Schweine gelten seit Jahrhunderten als Glücksbringer. Und was könnte ich mir Schöneres wünschen, als dass dieses Buch zu deinem persönlichen Glücksbringer wird?

Ich freue mich auf dich!

Elmar Rassi

Wo bitte geht's zum Glück?

Glück ist kein Zufall.
Wir selbst haben es in der Hand,
ihm auf die Sprünge zu helfen.
Wenn wir seine Gesetzmäßigkeiten
kennen, stellen sich Lebensfreude,
Liebe und innere Zufriedenheit
(fast) von selbst ein.

Glücklich sein – wie funktioniert das?

Lass uns heute einfach glücklich sein.
Den Menschen, die uns etwas
bedeuten, es auch zeigen.
Die Sorgen hinter uns lassen.
Dankbar sein für alles, was wir haben.
Das Leben im Hier und Jetzt genießen.
Denn wenn nicht heute, wann dann?

So einfach kann Glück sein: akzeptieren, was ist. Loslassen, was war. Und Vertrauen haben, was wird.

Aber halt, wir sind ja Menschen! Und als solche haben wir die Eigenschaft, alles zu verkomplizieren. Wir wollen immer mehr – deshalb rennen wir durchs Leben auf der Suche nach Superlativen, statt innezuhalten und das zu genießen, was wir alles schon erreicht haben. Wir halten fest an vergangenen Situationen, die uns wehtun – denn Hauptsache, alles bleibt beim Alten. Wir machen uns ständig Sorgen um Dinge, die sich in Wirklichkeit ganz anders entwickeln. Und wir haben Erwartungen, die sich realistisch betrachtet gar nicht erfüllen können. Das alles zusammen schafft in uns eine permanente Unzufriedenheit – und wer unzufrieden ist, ist nicht glücklich.

Ein großer Teil unserer Unzufriedenheit ist also selbst gezimmert. Doch das muss nicht so sein.

Du weißt bereits, dass das Glücksempfinden etwa zur Hälfte angeboren ist. Ob du eher negativ oder positiv gestimmt bist, hängt also zum Teil von deiner Veranlagung ab – aber eben nur zum Teil. Angenommen, du bist der geborene Sportler: Du bist schnell, hast Ehrgeiz, Disziplin und verfügst über den entsprechenden Körperbau. Dann hast du Erfolg, Spaß am Training und sammelst Medaillen. Wenn du aber überhaupt kein Sportlertyp bist, heißt das nicht, dass du zu einem Leben daheim vor dem Fernseher verdammt bist. Du kannst genauso Spaß an der Bewegung haben, die unterschiedlichsten Sportarten ausprobieren oder einfach nur spazieren gehen. Richtig?

Genauso verhält es sich mit dem Glück. Wir können es lernen, und das geht viel einfacher als beim Leistungssport. Der Grund dafür liegt darin, dass wir alle das Glück in uns tragen. Damit meine ich nicht das, was manche Leute unter Glück verstehen: nämlich eine Anhäufung materieller Dinge, die zwar sehr verlockend und auch ganz fantastisch sein können, aber nicht dauerhaft glücklich machen. Materielle Dinge haben zu tun mit Wettbewerb – man kriegt nie genug. Wenn ich mir morgen einen neuen Sportwagen kaufe, würde mir das sicher ein tolles Gefühl bescheren. Ich würde am Rhein entlangfahren, in einem kleinen Ort mit Blick auf den Fluss haltmachen ... Aber was, wenn ich keinen Parkplatz finde? Wenn mir jemand einen Kratzer in den Lack macht? Dann spüre ich nichts als Ärger, und das Glück, einen Sportwagen zu besitzen, bekommt erste Risse. Ein Jahr später gibt es dann das neue Modell, und schon bin ich im Hamsterrad des Konsums gefangen, während das wahre Leben an mir vorbeizieht.

Nein, ich rede von dem Glück, das in uns ist. Das uns im Alltag innehalten lässt und ein Lächeln auf unser Gesicht zaubert, einfach so. Eine Quelle tief in unserem Innern, aus der pure Lebensfreude sprudelt, Kraft, Lachen, Harmonie, Gelassenheit.

Um diese Quelle in uns zu finden, müssen wir uns als Erstes auf die Reise nach innen begeben. Fragen wir uns:

Wo stehe ich?

Was will ich?

Was will ich nicht?

Bin ich auf dem richtigen Weg?

Vielleicht bist du sowieso auf der Zielgeraden: Dann genieße den Augenblick und unternimm deine nächsten Schritte ganz bewusst!

Vielleicht aber geht es dir so wie den meisten von uns: Du hast dich verrannt. An irgendeiner Stelle des Weges hast du die richtige Abzweigung verpasst. Eine Weile bist du vielleicht im Kreis gelaufen und immer wieder mit den gleichen Problemen, Menschen oder Situationen konfrontiert worden. Das kann sehr wehtun, hoffnungslos machen. Energie rauben.

In einem solchen Fall ist es wichtig, bewusst Wendepunkte im Leben einzubauen (siehe auch Seite 91). Wir können Probleme nämlich nicht lösen, wenn wir sie immer wieder auf der gleichen Ebene angehen. Eine andere Perspektive, eine neue Strategie aber können uns helfen, sie zu überwinden und dabei über uns hinauszuwachsen. So werden aus Hindernissen auf unserem Weg Herausforderungen, Chancen. Und dann macht das Leben plötzlich wieder Spaß!

Meine eigene Lebensgeschichte hat – wie deine auch – ihre Tiefpunkte und ihre Schlüsselerlebnisse. Immer wieder habe ich mich bewusst entschieden, Vergangenes loszulassen und eine neue, positive Richtung einzuschlagen. Mein Leben ist zu einzigartig, zu kostbar, um auch nur eine Stunde zu vergeuden. Ich möchte das Geschenk des Lebens in seiner ganzen Kraft annehmen. Dabei habe ich schon früh meine Lektionen lernen müssen. Geholfen haben mir dabei zehn Lebensregeln, mit deren Hilfe ich mein Leben neu ausgerichtet habe:

- ✿ den Augenblick bewusst genießen – in ihm liegt alle Kraft,
- ✿ die eigenen Gedanken wahrnehmen und positiv ausrichten,
- ✿ einfach mal dankbar sein für all das, was man im Leben hat,
- ✿ auch im Schlechten das Gute finden,
- ✿ niemals aufgeben,
- ✿ die Angst loslassen,
- ✿ das finden, was einem wirklich guttut,
- ✿ sich von innen heraus selbst motivieren und von außen motivieren lassen,
- ✿ loslassen, was einem die Freude am Leben nimmt,
- ✿ die Masken fallen lassen und ganz authentisch, ganz man selbst sein.

Mit diesen Lebensregeln ist es ganz ähnlich wie mit dem Kuchenbacken: Sie sind universelle Zutaten, mit denen du dir dein Glück mixen kannst. Da jeder von uns verschieden ist, bleibt es ganz dir überlassen, von welcher Zutat du mehr nimmst und von welcher weniger. Vielleicht brauchst du gerade eine Extraportion positives Denken: Dann greif zu! Oder du richtest den Fokus aufs Loslassen: Prima, es ist an der Zeit! Auf den folgenden Seiten lernst du, dir dein ganz persönliches Glücksrezept aus meinen Zutaten zusammenzustellen.

Wichtig ist, dich selbst und deine Bedürfnisse kennenzulernen. Die Antworten auf die Frage, was du wirklich brauchst, um glücklich und zufrieden zu sein, findest du in dir. Und doch ist die Reise zum Glück nicht nur ein Weg nach innen. Ganz wichtig ist immer auch der Schritt nach außen, in die Aktion.

Angenommen, du sitzt zu Hause und denkst über dich und deine Bedürfnisse nach. Dabei findest du heraus, dass ein Spaziergang in der Natur dir guttun könnte. Er würde dich ein Stück glücklicher machen. Das ist der erste Schritt. Doch erst wenn du den Spaziergang auch machst, den Wind in deinem Haar spürst, den Duft des Waldes und der Blumen tief einsaugst und dich eins fühlst mit dem Leben, dann hast du dem Glück die Chance gegeben, Einzug in dein Leben zu halten.

Und das kann wirklich so einfach sein. Die meisten Techniken und Tricks auf den folgenden Seiten sind echte Sechzig-Sekunden-Übungen: kurz und intensiv. Du kannst sie ohne große Hilfsmittel spontan im Alltag durchführen – ob du nun in einer Schlange stehst, ob dein Zug Verspätung hat oder ob du auf Freunde wartest, die sich verspäten. Manche Techniken sind dir vielleicht schon vertraut, andere überraschend einfach. Ich wünsche dir, dass du dir die Gelegenheit gibst, sie wirklich auszuprobieren. Wenn du in deinen Tagesablauf immer wieder Momente einbaust, in denen du entspannst und eine positive Haltung einnimmst, wirst du dich mit jedem Tag wohler fühlen.

Alle diese Techniken habe ich an mir selbst ausprobiert. Sie haben mein Leben zum Guten gewendet. Ich habe Schritt für Schritt zu mir selbst gefunden, und das macht mich heute glücklich.

Die Frage ist immer auch, ob man es will. Glücklich sein ist eine Entscheidung, die wir bewusst oder unbewusst treffen. Mancher muss feststellen, dass er lieber in seiner derzeitigen Situation verharrt. Das ist ein ganz natürlicher Prozess: Gewöhnlich vertrauen wir nämlich auf das, was wir kennen, und meiden das Neue, weil wir nicht wissen, was es mit sich bringt. Glück ist einfach; was schwierig ist, ist der Bruch mit den Gewohnheiten.

Ich möchte dir dazu eine kleine Geschichte erzählen.

Es passierte auf einer meiner ersten Kreuzfahrten, auf denen ich als Glückscoach dabei war. Das Schiff steuerte einen Ort im Süden Thailands an. Meer hatte ich genug um mich gehabt in den vergangenen Tagen, und neugierig, wie ich nun einmal bin, ging ich von Bord und sah mir einen Tempel an. Es war ein ganz fantastischer Anblick. In der Mitte der Anlage ragte ein glockenförmiger Turm auf, ganz mit Blattgold verziert. Staunend ging ich weiter und bewunderte die prächtigen Verzierungen an den Gebäuden. Dann zog es mich in die versteckten Höfe. Im Schatten eines großen Feigenbaumes sah ich eine ältere Frau, die auf einer rot gemusterten Decke kniete. Ringsum standen unzählige winzige Holzkäfige, in denen Spatzen gefangen waren. Für ein paar

Baht konnte man einen der Käfige nehmen, das Holztürchen öffnen und den Vogel freilassen – eine gute Tat. Als freiheitsliebender Mensch zögerte ich nicht lange und gab der Frau etwas Geld. Es war ein unbeschreibliches Gefühl, das Tierchen fliegen zu lassen. Die Freude, die der Spatz verströmte, als er aus dem Käfig hüpfte und die Flügel ausbreitete, drang mir mitten ins Herz.

Nach und nach kamen andere Touristen dazu, und ehe ich michs versah, waren alle Vögel auf dem Platz frei. Wir zogen mit einem Lächeln im Gesicht weiter. Aber dann hielt ich inne und warf einen Blick zurück. Ich sah, wie die geschäftstüchtige Dame einige Handvoll Reiskörner auf die Decke streute. Darauf stellte sie die geöffneten Käfige. Es dauerte nicht lange, und die ersten Spatzen kehrten zurück. Statt fröhlich von Ast zu Ast zu hüpfen, zog es sie in die Sicherheit der Käfige, die ihnen zwar keine Freiheit, dafür aber Reis versprachen.

Vielleicht weißt du, worauf ich hinauswill … Viele von uns verharren lieber im Unglück, weil ihr Sicherheitsbedürfnis zu groß ist. So auch die Spatzen. Sie brachten lieber wertvolle Stunden ihres Lebens in engen Käfigen zu, statt die Freiheit zu genießen und sich die Körnchen selbst zu suchen.

Die Sache mit dem Glück hat ganz viel damit zu tun, ob es uns gelingt, den inneren Schweinehund zu überlisten. Erst wenn wir bereit sind, unsere negativen Gewohnheiten aufzugeben und Veränderung in unserem Leben zuzulassen, dann sind wir auch reif für das Glück.

Die Geschichten, Tipps und Techniken in diesem Buch sind im übertragenen Sinn wie Reiskörner, die ich rings um die Käfige ausstreue. Du musst nicht gleich dein ganzes Leben über Bord werfen, wenn du mir auf dem Weg zum Glück folgen möchtest. Du kannst einfach ein bisschen schnuppern, bis du Vertrauen gewinnst: in mich als deinen Reiseleiter, vor allem aber in dich und alle deine verborgenen Fähigkeiten.

Vielleicht aber bist du sowieso auf der positiven Seite des Lebens zu Hause. Dein Glas ist halb voll und nicht halb leer, und du wünschst dir, dass es so bleibt. Du möchtest das Vertrauen gewinnen, dass sich das Glas auf magische Weise immer wieder füllt, auch wenn das Schicksal es mal umstößt. Leben heißt Fülle. Sieh dich um – die Natur hat nicht bloß eine Handvoll, sondern Abermillionen Spezies hervorgebracht. Und so gibt es für jeden von uns auch eine Fülle an Möglichkeiten, in allen Bereichen des Lebens glücklich zu werden: in der Partnerschaft, im Beruf, bei der Selbstverwirklichung.

Wir bekommen nicht immer gleich das, was wir uns am sehnlichsten wünschen. Die Kunst ist, in Bewegung zu bleiben, nach immer neuen Wegen zu suchen und Vertrauen in das Universum zu haben. Auch – oder gerade – in schwierigen Zeiten. Öffnen wir uns für die Vielfalt an Möglichkeiten, die das Leben uns bietet, und entscheiden wir uns *jetzt,* das Leben in seiner ganzen Fülle zu lieben.

Wie du dieses Buch praktisch nutzen kannst

Die folgenden Kapitel beschäftigen sich eingehend mit den zehn universellen Lebensregeln oder Glückszutaten. Lass dich inspirieren – vielleicht möchtest du die Techniken, die ich dir vorstelle, einfach mal ausprobieren. Du wirst bald feststellen, welche von ihnen du leicht in deinen Tagesablauf integrieren kannst. Wie versprochen, nehmen sie nur wenige Minuten deiner Zeit in Anspruch und wirken dennoch intensiv, wenn du sie bewusst übst. Welche Techniken du regelmäßig anwendest, ist ganz dir überlassen. Im Kapitel »Bleibe motiviert« findest du wertvolle Hinweise, die dich dazu inspirieren sollen, dem Glück einen festen Platz in allen wichtigen Bereichen deines Lebens einzuräumen: deiner Persönlichkeit, deinen Beziehungen, deiner Gesundheit, deinem Beruf oder deiner Berufung und deinen Finanzen.

Damit neue Verhaltensweisen sich im Leben etablieren, müssen wir sie mindestens einundzwanzig Tage hintereinander bewusst ausführen. Die Glücks-Challenge auf Seite 185 hilft dir, die vorgestellten Techniken in deinen Alltag zu integrieren und alte, destruktive Gewohnheiten durch positive und konstruktive zu ersetzen. Neugierig geworden?

Doch bevor wir beginnen, möchte ich meine Geschichte mit dir teilen. Ich wünsche mir, dass sie dir Hoffnung gibt. Denn trotz allen Schmerzes und aller Enttäuschungen habe ich das Leben lieben gelernt. Manchmal könnte ich vor Glück und Dankbarkeit nur so übersprudeln. Dann möchte ich andere daran teilhaben lassen. Und das ist der Grund, warum ich dieses Buch geschrieben habe – für dich.

Meine
Geschichte

Mein Leben ist wie ein großes Puzzle.
Jedes Puzzleteil ist ein wichtiger Abschnitt, und
auf kein Teil kann man verzichten, egal, ob man es leicht
oder schwer findet. Im Nachhinein ergibt es seinen Sinn
und gehört zum Leben dazu, hat mich näher zu mir
selbst gebracht. Das Schöne ist, dass man nie
vorher weiß, welches Teil man als nächstes findet
und was das Puzzle am Ende zeigt.
Das liegt allein in meiner Hand.

Menschen, die mich näher kennen, bezeichnen mich gern als Lebenskünstler. Und das ist richtig: Denn ich habe es geschafft, offen zu bleiben, begeisterungsfähig und immer das Positive zu sehen, das sich in noch so schwierigen Situationen verbirgt. Und davon gab es in meinem Leben viele.

Ich bin in Baku geboren, der Hauptstadt Aserbaidschans.

Baku ist eine moderne Großstadt mit einem wunderschönen historischen Kern und einer reichen Geschichte, direkt am Kaspischen Meer gelegen. Wir waren nicht reich, doch ich hatte die allerglücklichste Kindheit. Meine Eltern schenkten mir und meiner Schwester

Glückskind: Elmar
im Alter von zwei Jahren

rückhaltlose Liebe. Zugleich gewährten sie uns jede Menge Freiheiten. Wir durften so richtig draußen spielen, uns schmut-

*Elmar Rassi mit
Mutter Carina, Vater Tahir und
Schwester Lala-Marie*

zig machen. Am liebsten kletterte ich auf Bäume, sprang durch Pfützen oder spielte Fußball. Damals hatten wir keine teuren Hightech-Spielzeuge. Wir spielten mit Alltagsgegenständen, bauten sie auseinander und wieder zusammen – zumindest versuchten wir es. Wir lebten von Augenblick zu Augenblick, und jeder Tag war ein einziges Abenteuer.

Ich erinnere mich noch, wie ich mich mit Freunden auf dem Hof einer Schreinerei traf. Dort lagen alle Arten von Brettern herum. Wir stibitzten Hammer und Nägel aus der Werkstatt und zimmerten uns Seifenkisten. Polternd fuhren wir die holperigen Wege hinunter. Das war ein Spaß! Ich konnte bald nicht mehr zählen, wie oft ich hinfiel und mir Schrammen holte. Doch ich hatte gar keine Zeit zu jammern. Schnell stand ich wieder auf, bereit für die nächste verrückte Fahrt den Hang hinab.

Mein Vater arbeitete als Erdölingenieur und war viel unterwegs. So kam es, dass meine Mutter und meine Oma mich großzogen. Ich liebte es, den Geschichten meiner Oma zu lauschen, einige davon trage ich noch heute in mir. Oma hatte wahrhaftig kein leichtes Leben gehabt, doch sie war ein Mensch, der immer für uns da war und sich nie beschwerte. Im Grunde war sie der positivste Mensch, dem ich je begegnen durfte. »Du bist, was du denkst«, pflegte sie zu sagen, aber das verstand ich damals noch nicht.

Als Kind hatte ich immer die Gewissheit, aufgefangen zu werden. Ich fühlte mich sicher und entwickelte das, was wir Urvertrauen nennen. Das Leben war leicht, es schien grenzenlos wie die Fantasie … Wäre es nach mir gegangen, hätte es ewig so weiterlaufen können. Doch das Leben ist ein Prozess, in dem sich alles immer wieder verändert und in dem wir nichts festhalten können. Im Nachhinein konnte ich mich glücklich schätzen, dass meine Eltern mir das

Auf dem Arm von Oma Zinaida

Recht zugestanden hatten, meine Kindheit voll auszukosten. Denn plötzlich veränderte sich alles.

Im Januar 1990 drangen Aserbaidschaner in das Stadtviertel ein, in dem Armenier wohnten, und ermordeten über fünfzig Menschen. Der Konflikt zwischen den beiden Bevölkerungsgruppen entbrannte mit einer Heftigkeit, die keiner sich hatte vorstellen können. Mit knapp zwölf Jahren wurde ich Zeuge, wozu Menschen in ihren dunkelsten Momenten fähig sind. Gewalt, Psychoterror, Verfolgung, Mord, Vergewaltigung. Das Leben in meiner Heimatstadt hatte sich um hundertachtzig Grad gedreht. Keiner war mehr sicher. Ganze Horden drangen in die Häuser und Wohnungen ein, vertrieben Menschen, raubten und brandschatzten. Ich konnte das alles nicht begreifen. Was war nur in die Menschen gefahren? Warum hassten sie sich so sehr? Meine Mutter war Armenierin, mein Vater Aserbaidschaner. Was sollte denn falsch an ihnen sein? Ich begriff nicht, warum man nicht ganz normal und in Frieden miteinander leben konnte, so wie früher. Wie sehr wünschte ich mir mein Leben zurück, draußen, mit meinen Freunden. Wenn ich nachts ängstlich lauschte, was in der Nachbarschaft vor sich ging, fragte ich mich: Warum müssen Menschen einander wehtun? Ich hatte furchtbare Angst.

Kinder, mit denen ich Wochen zuvor noch gespielt hatte, wandten sich von mir ab. Ich erinnere mich noch genau an den Tag, als man anfing, schlecht über mich zu reden. Zu meinem Freundeskreis gehörte auch ein Mädchen, Milena. Wir waren oft zusammen durch die Gegend gestreift und hatten einander kleine Geheimnisse anvertraut. Als ich wissen wollte, wer solche Unwahrheiten über mich verbreitete, sagten die anderen Jungen, Milena habe es ihnen erzählt. Ich war unglaublich wütend, doch schlimmer noch war die Enttäuschung, von ihr so verraten worden zu sein. Ich stellte sie zur Rede. Milena fing an zu weinen und behauptete, sie habe nichts damit zu tun. Im Gegenteil, sie habe mich sogar in Schutz genommen.

Ich glaubte ihr nicht. Verletzt wandte ich mich von ihr ab. Ich sollte sie niemals wiedersehen. Milena starb im Krieg; erst später erfuhr ich, dass sie mich tatsächlich verteidigt hatte. Es tat weh, sie so ungerecht behandelt zu haben. Aber ich konnte nichts wiedergutmachen. Wie sehr wünschte ich mir, ich hätte meine Wut beiseitegeschoben und ihr wirklich zugehört.

Meine Eltern taten alles, um meine Schwester und mich zu schützen. Die Schule hatte schließen müssen, und die meiste Zeit des Tages waren wir nun zu Hause und mussten uns verstecken. Anfangs langweilte ich mich und sehnte mich danach, hinausgehen zu dürfen. Eines Tages hielt ich es einfach nicht mehr aus und stahl mich davon. Rings um unser Haus war alles ruhig, und so wagte ich mich weiter vor. Mein Ziel war ein kleiner Krämerladen, in dem Milena, die Jungs und ich uns manchmal Süßigkeiten gekauft hatten. Je näher ich dem Viertel kam, desto unheimlicher wurde es. Irgendetwas stank ganz schrecklich. Plötzlich hörte ich Schreie. Ich versteckte mich schnell in einem Hauseingang. Mein Herz pochte vor Angst, und ich war mir sicher, dass man es überall hörte. Dann vernahm ich Schreie: »Feuer! Feuer!«

Ich bekam panische Angst, in der Falle zu sitzen. Also duckte ich mich und rannte los. Vielleicht würde der Krämer mich verstecken.

Das Bild, das sich mir vor seinem Laden bot, war einfach nur furchtbar. Ich sah mehrere Verletzte am Straßenrand, die sich mit letzter Kraft in die Häuser zu retten versuchten. Auf den Stufen zu dem Laden lag ein Toter in einer Blutlache. Sein Hals war seltsam verdreht, und die Augen standen offen. Für einen Moment war ich erstarrt und konnte mich nicht von dem Blick des Toten lösen. Dann spürte ich eine Hand im Genick. Bevor ich schreien konnte, legte sich eine breite Hand auf meinen Mund. Ich sah auf – es war der Krämer. Er zog mich ins Haus und weiter in den Keller. Dort warteten wir viele Stunden lang. Als es dunkel wurde, machte er sich mit mir auf den Weg und brachte mich nach Hause. Noch im Schock verbarg ich mich in meinem Zimmer und zog mir eine Decke über den Kopf.

Nackte Angst beherrschte fortan mein Leben. Ich wusste nicht mehr, wer ich war, Armenier oder Aserbaidschaner. Oft wünschte ich mir, ein ganz anderer zu sein. Größer, stärker, blond … alles, nur nicht ich. Ich schämte mich für mich selbst.

Als die Verfolgungen noch zunahmen, wurde klar, dass wir in unserem Haus und auch im Keller nicht mehr sicher waren. Schritte auf der Straße oder ein Poltern gegen die Tür lösten Todesangst in mir aus. Wir mussten fliehen, wenn wir den Barbaren nicht in die Hände fallen wollten.

Mein Vater hatte berufliche Verbindungen nach Deutschland und beantragte ein Arbeitsvisum. Dann ging plötzlich alles ganz schnell. Mitten in der Nacht weckte mich meine Mutter.

»Hilf mir beim Packen! Wir müssen fort«, flüsterte sie und stopfte eilig Wäsche, einen Pulli, eine Hose und mein Waschzeug in meinen Rucksack. Eine Flasche Wasser, ein Brot. Bald war er bis zum Bersten gefüllt. Für Spielzeug war da kein Platz. Mein Blick wanderte durch mein Zimmer und blieb an dem Holzpferd haften, das mein Opa für mich geschnitzt hatte. Ich griff danach, versuchte, es in den Rucksack zu zwängen, doch meine Mutter schüttelte nur den Kopf.

»Ich kann es doch in die Hand nehmen«, sagte ich. »Bitte!«

»Das geht nicht. Wir müssen uns an den Händen halten, die Gefahr ist sonst zu groß, dass wir uns verlieren.«

Ich bekam schreckliche Angst. Die Vorstellung, irgendwo auf der Flucht alleingelassen zu werden, versetzte mich in Panik. Ich schulterte eilig den Rucksack, nahm das Pferdchen und trat in den Vorgarten. Brandgeruch hing in der Luft. Ängstlich blickte ich mich um, doch auf der Straße vorm Haus war niemand zu sehen. Gebückt schlich ich zu meinem Geheimversteck unter den Wurzeln einer Buche, die ganz mit Efeu überwachsen war. Dort schob ich das Pferdchen hinein. »Bald komme ich dich holen«, sagte ich zu ihm. Dann spürte ich die Hand meiner Mutter, die nach meinem Arm griff, und wir gingen los, in die Nacht hinein.

Ob das Pferdchen noch immer dort verborgen liegt?

Ich weiß es nicht, denn ich kehrte nie mehr zurück.

In den folgenden Tagen und Wochen lernte ich, was es heißt, nur das zu haben, was man buchstäblich am Leib trägt. Unsere Flucht dauerte viele Tage und Nächte. Stunden des Wartens, dann die Fahrt in überfüllten Bussen und Zügen, immer begleitet von Hunger und Angst. Wenn ich nachts wach lag, tröstete mich meine Mutter und erzählte von dem neuen Leben, das uns erwartete.

»In Deutschland sind wir sicher. Dort wirst du neue Freunde finden«, sagte sie.

»Aber die sprechen doch eine ganz andere Sprache.«

»Die wirst du lernen. Das geht ganz schnell.«

»Aber sind die Leute auch nett?«

»Ja, es sind sehr nette Leute. Mach dir keine Sorgen! Alles wird gut.«

Und so hielt ich mich fest an dem Gedanken, dass alles bald besser würde und wir in Sicherheit wären.

In Deutschland kamen wir in ein Auffanglager in Niedersachsen. Außer meiner Schwester und mir gab es dort keine Kinder. Vergeblich hielt ich nach neuen Freunden Ausschau. Oft sah ich meine Mutter weinen; sie versuchte, es zu verbergen, aber ich beobachtete sie heimlich. Über mehrere Monate lebten wir in einer Kaserne mit anderen Flüchtlingen, vor allem Afrikanern. Schmale Feldbetten, Essensmarken, und über allem der Geruch der Flucht, dieses Gemisch aus fremden Menschen und Angst. Nachts die stickige Luft und schlimmer noch die Albträume, die Schreie der anderen. Auch ich träumte oft schlecht. Manchmal wachte ich auf und zitterte am ganzen Körper. Dann deckte meine Mutter mich fest zu, und ich erinnerte mich daran, dass wir ja in Deutschland waren. Eine Weile lauschte ich noch, und wenn ich dann begriff, dass wirklich keine Gefahr drohte, war ich unendlich dankbar, in Sicherheit zu sein. Und wenn ich aufwachte und merkte, dass ich in Sicherheit war, überfiel mich eine große Dankbarkeit.

Mit meinen inzwischen dreizehn Jahren begriff ich bald, dass es kein Zurück mehr gab. Wenn man verlassen muss, was man liebt, kann man weiter daran festhalten und unglücklich sein. Oder man akzeptiert, was nicht zu ändern ist, und öffnet sich für das Neue. Uns war ein zweites Leben geschenkt worden. Und Deutschland gefiel mir, es war eine völlig andere Welt. Alles war so sauber, so ordentlich und so sicher. Die Menschen waren nett zu uns. Ich erinnere mich, wie mir ein wildfremder Mann auf der Straße ein Fünfmarkstück schenkte, einfach so. Er lächelte, sagte etwas, das ich nicht verstand, und ging weiter. Ungläubig starrte ich auf die Münze in meiner Hand. Ein kleines Vermögen! Kurz entschlossen kaufte ich mir eine Packung Gummibärchen, die ich sehr mochte, und hütete das Restgeld wie einen Schatz.

Deutschland wurde mein Land, meine neue Heimat. Doch niemand kann seine Wurzeln kappen. Vielleicht fühle ich mich deshalb nirgendwo so richtig zu Hause – außer in mir selbst.

Das Trauma des Krieges hatte meinem Leben die Unbeschwertheit genommen. Alles, was in Zukunft auf mich zukäme, wäre leichter, sagte ich mir.

Das Einzige, was mir damals Probleme bereitete, war die Sprache. Nachdem ich monatelang keinen Unterricht mehr gehabt hatte, kam ich nun in eine deutsche Schule. Anfangs verstand ich kein einziges Wort. Ich war ziemlich schüchtern, traute mich nicht, vor der Klasse etwas zu sagen, und kassierte in Deutsch eine Sechs nach der anderen. Meine Mitschüler lachten mich aus. Teenager können sehr grausam sein und spüren sehr deutlich die Schwächen der anderen. Ich fühlte mich hilflos. Nie zuvor hatte ich so sehr das Gefühl gehabt, ein Versager zu sein.

Dann endlich bekam mein Vater eine Arbeitserlaubnis, und wir zogen in einen anderen Ort, in eine richtige Wohnung. Alles wurde leichter, und auch meine Mutter weinte nun nicht mehr so oft. Meine Schwester und ich teilten uns ein Zimmer. Endlich kein Schlafsaal mehr! Aber das Beste war: Wir hatten einen Fernseher! Stundenlang sah ich mir Zeichentrickfilme an und lernte mit ihrer Hilfe Deutsch.

Ich kam auch in eine neue Schule. Die Lehrerin stellte sich mit mir vor die ganze Klasse und sagte: »Das ist euer neuer Mitschüler.«

Ich wäre am liebsten im Erdboden versunken. Für einen Moment drohte mich die Angst zu überwältigen. Doch in Sekundenschnelle traf ich einen Entschluss: *Du bist ab sofort kein Opfer mehr. Diesmal machst du es besser.*

Also grinste ich und sagte: »Hallo, ich bin der Neue und komme jetzt öfter.«

Alle lachten, das Eis war gebrochen.

Die schwere Zeit in der ersten deutschen Schule war somit zu etwas gut gewesen: Ich hatte erkannt, dass man als Opfer anderen die Macht über sich gab. Das musste aufhören, wenn ich meine Chance auf ein neues Leben nutzen wollte. Ich wurde aktiver und fand endlich Freunde. Noch immer schrieb ich mit schöner Regelmäßigkeit Sechsen im Diktat. Meine Mutter sagte zu mir: »Arbeite an deinen Stärken, statt deine ganze Energie aufzuwenden, um deine Schwächen auszuradieren.« Das tat ich und wurde Klassenbester in Mathematik. Auch heute noch merke ich, wie wichtig diese Lektion für mich war. Statt mich selbst wegen meiner Schwächen niederzumachen, lernte ich, mich auf meine Stärken zu besinnen. Keiner kann alles können, doch jeder kann irgendetwas Besonderes. Und dieses Talent gilt es zu entdecken.

Nachdem ich die Schule beendet hatte, beschloss ich ganz pragmatisch, Industriekaufmann zu werden. Durch Zufall landete ich in der IT-Abteilung der Firma. Dort gefiel es mir, und nach meinem Abschluss wurde ich übernommen. Da ich so gar nicht der Typ bin, der wochenlang allein vor seinem Computer sitzt und an Programmen tüftelt, bekam ich eine Aufgabe in der Beratung, und dort, unter Menschen, blühte ich förmlich auf. Die Arbeit machte mir Spaß, und in der Freizeit baute ich mir einen großen Freundeskreis auf. Das Leben war gut. Ein zweites Mal in meinem Leben hatte ich nur einen Wunsch: dass es ewig so weiterging.

Aber das tat es nicht. Neun Jahre später wurde die Firma von einem amerikanischen Konzern übernommen. Meine Stelle wurde gestrichen. Plötzlich stand ich vor dem Nichts, war arbeitslos, ohne eine Aufgabe. Ich schrieb Bewerbungen über Bewerbungen, doch ich bekam nur Absagen. Bewerber, die einen Studienabschluss anstelle einer Lehre vorzuweisen hatten, wurden bevorzugt. Ich haderte mit mir, war wütend auf mich selbst, dass ich nicht studiert hatte. Es war ein Albtraum. Ich drehte mich im Kreis, wusste, ich durfte nicht aufgeben. Irgendwo musste es den richtigen Job für mich geben.

Glaube an dich!

Solange du danach strebst, besser als andere zu sein, zweifelst du an deinem eigenen Wert. Solange du dich bemühst, andere zu beeindrucken, bist du von dir selbst nicht überzeugt. Solange du versuchst, dich größer zu machen, indem du andere kleinmachst, hast du Zweifel an deiner Größe. Wer an sich glaubt, braucht niemandem etwas zu beweisen. Wer seinen Wert kennt, braucht keine Bestätigung. Wer seine Größe kennt, lässt anderen auch ihre.

Ich dehnte meine Suche aus. Eines Abends stieß ich im Internet auf Anthony Robbins, der sich als Bestsellerautor und Coach über die USA hinaus einen Namen gemacht hatte. Tony Robbins war schon früh in seinem Leben auf sich gestellt gewesen und fand seine Berufung, als er sich intensiv mit dem Neurolinguistischen Programmieren (NLP) beschäftigte. NLP setzt sich mit Ebenen der Veränderungen auseinander und hilft, neue Strategien für das Leben auszuarbeiten, die funktionieren. Kurzerhand bestellte ich mir sein Buch »Das Robbins Power Prinzip: Wie Sie Ihre wahren inneren Kräfte sofort einsetzen« und las es in zwei Tagen durch. Als ich erfuhr, dass Robbins nach Großbritannien kam, wusste ich, ich musste ihn treffen. Ich lieh mir Geld von meinen Eltern, flog kurz entschlossen nach London und besuchte ein Wochenendseminar.

Ich war wie elektrisiert. Es war nicht so sehr das Gefühl, dass Robbins etwas Neues sagte, im Gegenteil: Unterschwellig hatte ich das alles schon gewusst, denn die Antworten liegen immer in uns selbst. Wir kennen den Schlüssel zu unserem Glück und Erfolg. Nur haben wir vergessen, dass wir ihn besitzen, und wissen nicht mehr, wie man ihn einsetzt. Robbins half mir, wieder an mich zu glauben und neu an meine Probleme heranzugehen.

Am Tag nach meiner Rückkehr schrieb ich neue Bewerbungen. Diesmal aber trat ich nicht als Bittsteller auf. Ich suchte mir vielmehr die besten Firmen aus, bei denen ich mich einbringen wollte, kam auf vier und bot dort meine Fähigkeiten an. Kannst du dir vorstellen, was passierte? Ich bekam tatsächlich vier Zusagen.

Die Entscheidung, bei welcher der vier Firmen ich arbeiten wollte, traf ich nicht nach dem Gehalt, das mir angeboten wurde, sondern aus dem Bauch heraus. Und so fand ich endlich den passenden Job.

Zu meinen neuen Aufgaben gehörte ein wöchentliches Business-Frühstück, bei dem ich vor einer großen Gruppe führender Köpfe einen kurzen Vortrag halten musste. Plötzlich wurde ich mit meiner Angst konfrontiert, frei zu sprechen. Ich fühlte mich, als wäre ich wieder der schüchterne Junge, der kein Deutsch konnte und den alle auslachten. Bei der Erinnerung daran brach mir der Schweiß aus. Ich hatte mir die Worte zurechtgelegt und einen großen Teil der Rede auswendig gelernt. Doch meine Erinnerung war blockiert. Ich spürte, dass ich an einem Scheideweg stand: Am liebsten hätte ich die Situation gemieden. Doch das war nicht möglich und hätte letztlich bedeutet, dass ich mir einen neuen Job hätte suchen müssen. Ich musste die Angst bewältigen – doch wie?

Mir blieb keine Zeit, meine Angst rational zu hinterfragen oder mich zu entspannen und Gelassenheit zu üben. Also blieb nur eines übrig: die Konfrontation. Mein Weg aus der Angst war der Weg durch die Angst hindurch. Ich atmete tief ein, nahm die Anzeichen der Panik bewusst wahr – und zwang mich, trotzdem draufloszureden. Während ich sprach, registrierte ich die Reaktionen meiner Zuhörer. Ihnen gefiel meine unkonventionelle Art, und das verlieh mir Flügel. Plötzlich wusste ich wieder, worüber ich sprechen wollte.

Das war aber nur der erste Schritt. Nach der Rede fasste ich den Entschluss, meine Angst in meine größte Stärke umzuwandeln. Oft verbirgt sich hinter der Angst nämlich unser wirkliches Potenzial.

Zu Hause rief ich die Angstgefühle wieder wach, indem ich mir in allen Einzelheiten vorstellte, wie ich öffentlich redete. Ich malte mir die denkbar schlechtesten Szenarios aus und erarbeitete mir Strategien, wie ich damit umgehen könnte. Auf diese Weise überwand ich nach und nach meine Angst und wurde im Lauf der nächsten Monate zu einem gefragten Redner. Plötzlich machte mir das Redenhalten einen Riesenspaß, und das übertrug sich auf meine Zuhörer. Es war ein unglaubliches Gefühl, an meine inneren Ressourcen zu gelangen und etwas Negatives in ein persönliches Potenzial zu transformieren.

Während der Jahre in der Firma bildete ich mich ständig weiter in den Bereichen NLP, Coaching und Motivation. Ich suchte mir Vorbilder in den Bereichen, in denen ich ebenfalls Fuß fassen wollte, denn es war mir wichtig, mich immer wieder neu inspirieren zu lassen. Ich wollte nicht besser sein als andere, doch der Beste werden, der ich nur sein konnte.

Irgendwann erreichte ich einen Punkt, an dem es für mich keine große Bedeutung mehr hatte, andere beeindrucken zu wollen. Wenn Menschen mich für das mochten, was ich tat und was ich war, dann war es schön und gut. Wenn nicht, dann war es nun mal so. Auf keinen Fall wollte ich ständig etwas tun, um anderen zu gefallen. Ich wollte ich selbst sein und mich beeindrucken.

Dazu gehörte auch, mich mit Menschen zu umgeben, denen ich etwas geben konnte und die mir ebenfalls guttaten. Es war an der Zeit, mein Umfeld genauer zu betrachten und mich von falschen Freunden zu trennen. Leicht fiel mir das nicht. Doch als ich es tat, merkte ich, wie viel Kraft in mir frei wurde.

Ich ging einen Schritt weiter und unterzog mein Verhältnis zu meiner Arbeit einer Situationsanalyse. Ich hatte eine abwechslungsreiche Tätigkeit, war beliebt, und das Gehalt stimmte. Was wollte ich mehr?

Als ich mir genau diese Frage stellte, spürte ich, dass ich tatsächlich mehr wollte. Mehr Lebensfreude, mehr Kreativität. Mir fehlte die Herausforderung. Ich wollte etwas Besonderes aus meinem Leben machen, mehr aus mir herausholen. Und so erlaubte ich mir, zu träumen und eine glückliche Zukunft zu visualisieren. Glück hieß für mich zu jenem Zeitpunkt, etwas Neues zu wagen, das mich näher zu mir selbst brachte. Ich musste nicht lange suchen und beschloss, mich im Bereich Coaching und Motivation selbstständig zu machen. Natürlich war ein solcher Schritt mit Unsicherheit verbunden. Doch ich sagte mir: Es kann nichts schiefgehen. Entweder ist es eine Lektion oder ein Geschenk. Ich war bereit, beides anzunehmen.

Und es steckte noch etwas anderes dahinter.

Wenn man Veränderungen in seinem Leben vollzieht, bewegt man sich aus der gewohnten Zone hinaus in die Ungewissheit. Um diesen Schritt zu tun, braucht man einen inneren oder äußeren Antrieb – die Motivation. Wenn wir an unsere wahre Motivation anknüpfen, wirkt dies wie ein Katalysator, und die Schritte, die wir in das Ungewohnte hinein tun, fallen uns um einiges leichter.

Ich erkannte, was mich wirklich motivierte: Ich wollte dem Land, das mir eine zweite Chance aufs Leben geschenkt hatte, etwas zurückgeben.

In Deutschland war mir eines aufgefallen: Die Menschen schienen nicht wirklich glücklich zu sein. Immer wieder fragte ich mich nach dem Grund dafür – und tue es noch heute. Viele beschweren sich ständig und haben an allem etwas zu kritisieren. Kaum einer freut sich offen über seine Erfolge. Macht man jemandem ein Kompliment, spielt er es herunter. Lobt man einen Freund für etwas, schiebt er gleich drei schlechte Eigenschaften über sich selbst hinterher. Bescheidenheit ist eine Tugend, aber das heißt nicht, alles kleinreden zu müssen. Es heißt auch nicht, die eigenen Leistungen, den erwiesenen Mut und den Durchhaltewillen nicht anzuerkennen.

Ich hatte mich dazu entschlossen, mich im Leben auf das Positive zu konzentrieren, denn Zufriedenheit ist oft keine Frage der Umstände, sondern der inneren Einstellung. Und nun wollte ich anderen Menschen Möglichkeiten aufzeigen, aus dem selbst gezimmerten Käfig negativer Gedanken und Gewohnheiten auszubrechen und sich das Glück neu zu schmieden. Wir alle haben das Recht, glücklich zu sein.

Und es ist einfacher, als man denkt – wenn man die richtigen Glückszutaten kennt.

Meine persönliche Geschichte war vielleicht nicht einfach, doch wenn ich zurückblicke, weiß ich, es war eine reiche Zeit: reich an wertvollen Erfahrungen und Lektionen. Ich habe Stärke und Einfallsreichtum beweisen müssen. Und daraus hat sich mein Wesen entwickelt: Wenn ich hinfalle, stehe ich gestärkter wieder auf. Ich habe beschlossen, glücklich zu sein. Mit den Jahren habe ich gelernt, negative Erinnerungen und die Angst loszulassen. Und je tiefer ich loslassen kann, desto mehr finde ich zu meinen Stärken, zu mir selbst.

Anfangs suchten Kollegen und Freunde meinen Rat in den unterschiedlichsten Lebenssituationen. Ich vertiefte meine

Coaching-Ausbildung und tauschte mich über soziale Netzwerke aus. Auf Facebook baute ich eine Community über meine Seite auf und poste regelmäßig inspirierende Zitate und Geschichten. Über die lebendige Interaktion mit meinen Followern kam ich auch zu meinem ersten Buch – doch dazu in einem späteren Kapitel mehr.

Daneben gründete ich meine *HappyLife-Academy* und begann damit, Vorträge und Seminare zu halten. Seither bin ich regelmäßig auf Kreuzfahrtschiffen als Glückscoach dabei, veranstalte Glücksevents und bin in einem neuen TV-Format zu sehen.

Ich habe meine Geschichte mit dir geteilt, damit du mich besser kennenlernst und mir Vertrauen schenken kannst. Meine Glücksstrategien sind keine Theorien, ich habe sie für mich angewendet, und seither haben Zehntausende Menschen davon profitiert. Bei meinen Seminaren zum Thema Glück stelle ich immer wieder fest, wie sehr die Menschen sich danach sehnen, loszulassen und endlich befreit zu leben. Und wie einfach das ist, wenn man weiß, wie es geht.

Ich möchte dich nun gern mitnehmen auf deine Reise zum Glück. Lass uns die zehn universellen Glückszutaten entdecken, die auch dein Leben positiv verändern werden. Ich wünsche mir, dass auch du jeden Tag aufs Neue sagen kannst:

>> *Das Leben ist vielleicht nicht immer einfach, aber ein echtes Geschenk und voller glücklicher Augenblicke.* <<

Elmars zehn universelle Glückszutaten

Gib dem Glück die Chance, in deinem Leben Einzug zu halten! In den folgenden Kapiteln erfährst du eine Vielzahl an Möglichkeiten, wie du dich dauerhaft positiv ausrichten kannst.

Glück im Leben zu haben bedeutet,
dass die positiven Momente die negativen in unserer
Wahrnehmung überwiegen. Deshalb frage ich dich:
Wie viele Augenblicke hast du heute schon genossen?
Lass los, was war.
Genieße, was ist.
Und freue dich auf das, was kommt.

Der Schlüssel zum Glück

Ich bin mir sicher, genau wie mein Leben hat auch deines seine Hürden. Du hast Enttäuschungen erlebt und Verluste, kennst Sorgen und Ängste. Vielleicht hast auch du nicht immer du selbst sein können, fühlst dich gefangen, spielst im Berufsleben oder zu Hause eine Rolle.

Seien wir ehrlich: Wir verbringen eine Menge kostbarer Lebenszeit damit, uns Sorgen zu machen und verpassten Gelegenheiten nachzutrauern. Deshalb lautet meine erste Glückszutat: Genieße den Augenblick! Wenn du lernst, den Moment wahrzunehmen und auszukosten, bist du auf dem besten Wege, dich zu befreien und für das Glück zu öffnen.

Die meisten unserer Gedanken, Gefühle und Handlungen haben ihre Wurzeln in der Vergangenheit. Wir können die Zeit jedoch nicht zurückdrehen und das Geschehene nicht ändern. Viele unserer Ängste kreisen um die Zukunft. Wir machen uns Sorgen um unsere Gesundheit, unsere Beziehungen, unsere pure Existenz. Doch die Zukunft ist nicht vorhersehbar, und sich Sorgen zu machen, hat noch keinem bei der Lösung eines Problems geholfen. Ich finde, es wird höchste Zeit, aus diesem Kreislauf auszusteigen. Das wirkliche Leben spielt sich nicht in der Vergangenheit und auch nicht in der Zukunft ab, sondern in der Gegenwart.

Lass uns in genau diesem Moment damit anfangen, die Vergangenheit loszulassen und eine neue, glückliche Zukunft zu erschaffen. Der Schlüssel zum Glück findet sich immer in uns und immer im JETZT!

Das Leben ist
eine Gelegenheit – nutze sie.
Schönheit – bewundere sie.
Ein Traum – verwirkliche ihn.
Eine Herausforderung – stell dich ihr.
Eine Reise – vollende sie.
Ein Spiel – spiel es.
Ein Geheimnis – lüfte es.
Ein Versprechen – erfüll es.
Eine Tragödie – sei gefasst.
Ein Abenteuer – wage es.
Die Liebe – genieß sie.
Das Glück – nimm es an.

Glücklich sein ist unsere wahre Natur

Das klingt dir zu einfach? In Wirklichkeit ist es nicht kompliziert, glücklich zu sein, sondern Teil unserer wahren Natur. Der Mensch ist nicht dazu geboren, sich pausenlos zu ärgern und zu sorgen. Der Wendepunkt hin zu einem erfüllten Leben kann jederzeit stattfinden, nämlich dann, wenn wir uns dafür entscheiden, die Dinge positiv zu sehen und aus Hindernissen Herausforderungen zu machen. Wenn wir lernen, dankbar zu sein für das, was wir haben, und loszulassen, was uns Energie raubt, uns lähmt und verletzt. Und ich verrate dir etwas: Wenn du dich erst einmal entschieden hast, etwas zu verändern, dann überwindest du alle Hindernisse. Einfach ist nicht leicht, einfach ist oft am schwersten. Die Tricks, Techniken und Tipps auf den folgenden Seiten sollen dir dabei helfen, dein Ziel zu erreichen.

Einfach tun, was richtig ist.
Einfach sagen, was man denkt.
Einfach lassen, was nichts bringt.
Einfach lieben, wen man liebt.

Bewusst im Hier und Jetzt

Um uns auf die Sonnenseite des Lebens zu schlagen, müssen wir lernen, bewusst in der Gegenwart zu leben. Vielen von uns fällt das schwer. Wenn wir morgens aufwachen, ist für einen winzigen Augenblick die Welt noch in Ordnung. Wir haben die Welt der Träume hinter uns gelassen, schlagen die Augen auf … Vor uns liegt ein Tag voller Möglichkeiten und Überraschungen. Vielleicht sind wir dankbar, aufgewacht zu sein, zu atmen, am Leben zu sein – aber ehe wir die Gelegenheit ergreifen, den Augenblick wirklich zu genießen, lassen wir uns vom Alltag einfangen. Unsere Gedanken beginnen zu rotieren, uns graut davor, was wir alles erledigen müssen. Unsere guten Vorsätze – eine Runde joggen, zehn Minuten meditieren, in Ruhe mit dem Partner, den Kindern frühstücken – lösen sich in nichts auf, während wir uns von unserer Routine den Tag diktieren lassen. Nur um uns am Abend zu fragen, wo denn die Zeit geblieben ist. Und schon ist ein Tag des Lebens verstrichen und mit ihm Momente, die uns berühren, Begegnungen, die uns innehalten lassen, Freude, Glück …

Gehörst du zu den Menschen, die sich sagen, dass im Alltag einfach keine Zeit bleibt, den Augenblick zu genießen, und vertröstest dich auf das Wochenende, den Urlaub? Dann habe ich eine schlechte Nachricht für dich: In den meisten Fällen klappt das nicht.

Wie schwer es uns fällt, aus dem Kreislauf unserer Gewohnheiten auszusteigen, stelle ich jedes Mal fest, wenn ich auf Kreuzfahrt gehe, um Vorträge und Glücksseminare zu halten. Monatelang haben die Reisenden sich auf dieses Ereignis gefreut – endlich Urlaub vom Alltag! Wenn es dann so weit ist, müssen sie feststellen, dass nichts so ist, wie sie es sich vorgestellt haben. Entspannung auf Knopfdruck klappt einfach nicht. Und all das, was einem das Jahr über auf die Nerven gegangen ist, scheint auf magische Weise im Gepäck mitgereist zu sein. Hat man sich dann endlich eine Liege auf dem Sonnendeck ergattert, um den Augenblick zu genießen, kratzt das Handtuch, die Sonne ist zu heiß, auf der Nachbarliege wird laut geredet, die Musik an Bord ist nicht nach dem eigenen Geschmack, und Sonnenschirme versperren die Aussicht. Der Drink ist zu warm oder zu kalt, und wenn man sich dann seufzend zurücklehnt, setzt sich das Gedankenkarussell in Bewegung. Ehe man sichs versieht, steckt man mittendrin in einem eingebildeten Streit mit seinem Chef, auch wenn dieser ein paar Tausend Seemeilen entfernt ist. Das senkt die gute Laune beträchtlich, und deshalb wird, statt sich zu freuen, verwöhnt zu werden, neue Länder kennenzulernen und Freundschaften zu schließen, vor allem eines: genörgelt. Ein Tag voller wunderbarer Augenblicke wird zu einem einzigen Ärgernis. Und am Abend, wenn die Sonne über dem Meer untergeht und am Horizont ein Wal durch die Wasseroberfläche bricht, ist das Aussichtsdeck wie verlassen. Dann bildet sich nämlich drinnen in den engen Gängen eine lange Schlange vor dem Speisesaal …

All das habe ich erlebt – und es hat mich darin bestärkt, den Fokus auf den Moment zu legen.

Es ist ja nicht so, dass die Menschen es darauf abgesehen haben, sich und anderen den Urlaub oder das Leben zu vermiesen. Sie müssen vielmehr feststellen, dass sie sich und ihre Probleme immer mitnehmen. Tag für Tag, Jahr für Jahr lassen wir unser Leben von Sorgen, Ängsten, Vorstellungen und Gedanken diktieren.

Probier es aus!

Kennst du das auch? Wann hast du das letzte Mal den perfekten Augenblick verpasst und dich über etwas geärgert, statt zu genießen?

Die gute Nachricht lautet: Keiner zwingt dich dazu – du kannst dich jederzeit aus dem Gefängnis der Routine befreien. Probier es gleich aus: Leg das Buch beiseite, atme tief durch, fokussiere dich auf etwas Schönes in deiner Umgebung – und sei dankbar dafür, am Leben zu sein.

Vielleicht inspiriert dich ja die folgende Geschichte, öfter den Augenblick wahrzunehmen und für dich zu erobern …

HERR VORSCHAU
UND HERR RÜCKSCHAU

Es waren einmal zwei Kinder, ein Junge und ein Mädchen, die sehr neugierig waren und liebend gern die Gegend erforschten. Eines Tages, als ihre Eltern bis spät auf dem Feld arbeiteten, verirrten sie sich im nahen Wald. Schlingpflanzen überwucherten die Bäume links und rechts und tauchten den Weg in ein grünes Licht. Plötzlich erschien vor ihnen ein Schild mit der Aufschrift GLÜCK, das auf einen geheimen Pfad wies. Erwartungsvoll folgten sie dem neuen Weg. *Nach einer ganzen Weile wurde der Wald lichter, und sie hörten in der Ferne das Rumpeln eines Karrens. Als dieser in Sichtweite kam, erkannten sie einen Eselskarren mit drei Männern darauf. Einer stand vorn neben dem Wagenlenker; er hielt ein Fernrohr in der Hand und blickte sorgenvoll drein. Der zweite Mann hatte hinten auf dem Karren Stellung bezogen und schaute durch sein Fernrohr zurück; auch er wirkte sehr niedergeschlagen. Der dritte schließlich saß zwischen den beiden und schien sehr fröhlich zu sein.*

Als der Wagen die Kinder passierte, rief der fröhliche Mann: »He, ihr da! Los, springt auf!« *Das Mädchen und der Junge ließen sich nicht zweimal bitten und kletterten auf den Eselskarren. Die anderen beiden Männer spähten weiterhin angestrengt durch ihre Fernrohre und hatten die Kinder nicht einmal bemerkt.*

»Wer sind die beiden?«, *fragte das Mädchen neugierig.*

»Oh … das ist Herr Vorschau«, *sagte der Mann und deutete nach vorn.* »Er tut den ganzen langen Tag nichts anderes, als vorauszuschauen und sich Sorgen zu machen.«

»Und der da hinten?«

»Das ist Herr Rückschau. Wie der Name schon sagt, blickt er die ganze Zeit zurück. Meistens bereut er irgendetwas.«

»Und was tun Sie?«, *wollte der Junge wissen.*

»Ich? Ganz einfach — ich lebe in der Gegenwart. Ich sehe den Wald mit seinen Bäumen, die Blumen am Wegesrand. Ich spüre den Fahrtwind auf der Haut, die Sonne, höre die Vögel, rieche das Gras … Und ich habe euch gesehen. Die meiste Zeit lebe ich im Hier und Jetzt; nur hin und wieder schaue ich voraus, um zu sehen, wohin ich gehe, oder ich blicke zurück, um aus meinen Erfahrungen der Vergangenheit zu lernen … Aber ich lebe im Jetzt, von Augenblick zu Augenblick.«

Die Kinder sahen sich ein wenig ratlos an. Die meisten Erwachsenen, die sie kannten, waren mehr wie Herr Rückschau oder Herr Vorschau. »Warum?«, fragten sie.

»Weil das Morgen noch nicht da und das Gestern bereits vergangen ist. Das Heute ist alles, was wir wirklich haben, und wenn wir es nicht nutzen und das Allerbeste daraus machen, haben wir unser Leben am Ende vertan. Dieser Augenblick und ich – wir beide sind einmalig im ganzen weiten Universum. Diesen Moment hat es noch nie gegeben und es wird ihn so auch nicht mehr geben. Er ist einzigartig!«

»Aber was tun Sie denn für die Welt?«, fragte das Mädchen, das gelernt hatte, dass jeder nicht nur so zum Spaß leben dürfe, sondern auch etwas geben müsse.

»Alles, was ich an Gutem tun kann, bei jeder Gelegenheit, als Dank für jeden Augenblick meines Lebens.«

Die Frucht der Vergangenheit, der Samen der Zukunft

Wie ordnest du dich ein? Bist du eher wie Herr Rückschau oder Herr Vorschau?

Wie oft beschäftigst du dich gedanklich mit Dingen, die du in naher oder ferner Zukunft erledigen musst? Machst dir Sorgen darüber, was alles auf dich zukommen mag? Wie häufig bist du mit deinen Gedanken in der Vergangenheit, wälzt Ereignisse hin und her, die längst nicht mehr zu ändern sind?

Bereust, dass du nicht anders gehandelt hast? Und vergisst dabei völlig, die Gegenwart zu genießen?

Was hindert dich daran, den Augenblick zu genießen?

Oder schaffst du es schon immer besser?

Es wird Zeit, uns von der zwanghaften Vor- und Rückschau zu befreien.

Das HIER und JETZT ist die Frucht der Vergangenheit und der Samen der Zukunft … vergiss das nie. Was du heute tust, denkst und fühlst, ist das Ergebnis all deiner Handlungen in der Vergangenheit. Auch deine Begegnungen, deine Arbeitssituation, die Beziehung zu anderen Menschen – alles liegt in der Vergangenheit begründet. Wenn du dir wünschst, Glück im Leben zu haben, so ist JETZT der Augenblick gekommen, die Weichen dafür zu stellen. Denn morgen ist das Heute schon gestern. Wenn du dich dem, was auf dich zukommt, ganz öffnen kannst, bist du frei für diesen Augenblick.

Aus der Vergangenheit lernst du die Lektionen deines Lebens, in der Zukunft wendest du sie an. Allein in der Gegenwart kannst du die Entscheidung treffen, dies auch wirklich zu tun. Also sei dir des Augenblicks bewusst, lebe, lache, liebe – und vertraue darauf, dass du auch in zukünftigen Momenten die Kraft hast, richtig und angemessen zu handeln. Je fokussierter du auf den gegenwärtigen Moment bist, desto effektiver bist du auch. Deine Gedanken sind auf das gerichtet, was gerade um dich herum geschieht. Du spürst dich besser und bist in Kontakt mit deiner inneren Stimme. Du bist ganz bei dir, weil du dich nicht von lästigen Vergleichen und Bewertungen deines Verstandes beeinflussen lässt und dich dem öffnest, was wirklich um dich herum geschieht.

Deine Wahrnehmung ist intensiver, man spürt deine Präsenz, deine Echtheit. Du bist du selbst, mit deiner ganzen Kraft und Einzigartigkeit.

Denn alles liegt bereits in dir – leben kannst du es nur im Jetzt.

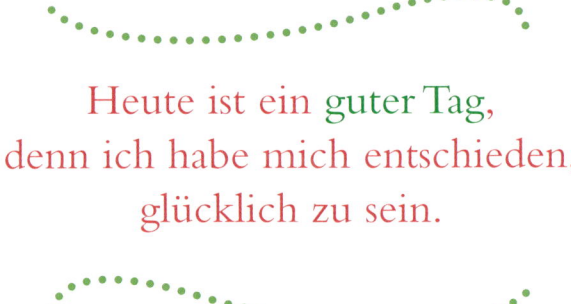

Heute ist ein guter Tag,
denn ich habe mich entschieden,
glücklich zu sein.

Filmriss

Wann warst du das letzte Mal im Kino? Oder hast einen Film gesehen? Ein Theaterstück? Eine Show? Wenn du dich jetzt daran zurückerinnerst, merkst du vielleicht, dass es Momente waren, die den Abend so besonders gemacht haben. Das ist auch bei Songs so … Da gibt es die eine Stelle, die wir uns immer und immer wieder vorspielen. Und genauso ist es im Leben. Leben ist Energie, und Energie verläuft in Wellen. Wir können nicht immer glücklich und euphorisch sein, sondern haben auch mal schlechte Phasen – doch diese Phasen setzen sich aus Momenten zusammen, die voller Überraschungen stecken können, voller Chancen, Wärme und Liebe. Die Kunst ist, sie wahrzunehmen.

Im Hier und Jetzt zu leben heißt nicht, alles schleifen zu lassen und keine Verantwortung für die Zukunft zu übernehmen – im Gegenteil. Denn du erschaffst deine Zukunft ja in genau diesem Moment mit. Ganz im Moment zu sein bedeutet, den Raum zu erkunden, der hinter dem Strom unserer Gedanken, Gefühle und Instinkte liegt. Es ist ein Raum voller Möglichkeiten, denn er ist mit unserem Bewusstsein verknüpft. Wenn du ganz in den Moment eintauchst, in die Zeitspanne zwischen zwei Herzschlägen, dem Ein- und dem Ausatmen, bist du reines Bewusstsein. Genau hier verbirgt sich dein wahres Ich. Hier bist du frei von Ängsten, von Minderwertigkeitsgefühlen und Zweifeln und hast die Kraft, bewusste Entscheidungen aus dir heraus zu treffen.

Du möchtest wissen, wie du ein Fenster in diesen Raum hinein öffnest?

Ich habe zwei Techniken für dich ausgesucht. Die erste geht ganz einfach – ich nenne sie den »Filmriss«.

Wenn du dich das nächste Mal in deinen Sorgen und Gedanken verlierst, sag einfach: Stopp!

Dieser winzige Moment danach ist wie ein Filmriss. Beobachte einfach nur, was geschieht. Merkst du, wie dein Gedankenkarussell wieder Fahrt aufnehmen will? Wie du dich binnen Sekunden oder Minuten in deinen Gedanken verlierst? Egal – für einen Augenblick warst du präsent, in der Gegenwart. Du bist zu deinem Beobachter geworden – genau das heißt es, bewusst zu sein.

In den Momenten, in denen du bewusst bist, bist du wirklich. Du identifizierst dich nicht länger mit Rollen, die du spielst. Du hörst in dich hinein, nimmst jede Facette wahr, kannst einfach du selbst sein.

Ein-Minuten-Meditation

Du brauchst für die folgende Übung nur den Timer deines Handys – eine Küchenuhr tut's auch. Such dir einfach einen Platz, an dem du eine Minute lang ungestört sitzen kannst.

Ich weiß, eine Minute klingt nicht nach viel. Aber denk daran: Eine Minute hat sechzig Sekunden, und jede einzelne Sekunde besteht aus vielen winzigen Augenblicken. Ein einziger Augenblick, in dem du bewusst bist, wiegt mehr als Stunden, in denen du den Kontakt zu dir selbst verloren hast. Gib dir die Chance, zu dir zu finden!

Übung

Stell den Timer deines Handys auf sechzig Sekunden. Nun schließe die Augen und atme ein paarmal tief durch. Spüre nach, wie der Atem ein- und ausströmt. Ein … und aus … Fühle, wie deine Bauchdecke sich hebt und senkt … hebt … und senkt … Der Atem ist dein Anker, zu dem du immer wieder zurückkehrst.

Wenn Gedanken auftauchen, ist das etwas ganz Natürliches. Sag dir einfach im Stillen: »Ah, ein Gedanke« – und kehre wieder zum Atmen zurück. Sieh dir selbst dabei zu, wie du atmest … sei dein eigener Beobachter. Dies ist der Moment, in dem du ganz bei dir, ganz bewusst bist … Und atme weiter, bis du das Signal des Timers hörst. Nun öffne die Augen, streck dich, atme tief durch – und beende die Übung, indem du wieder in deinen Alltag zurückkehrst.

Hast du gemerkt, wie lang eine Minute sein kann? Wie fühlst du dich? Bist du ein wenig zur Ruhe gekommen? Oder hat dich zu viel im Außen oder Innen abgelenkt?

Wenn die Übung noch ungewohnt für dich ist, wiederhole sie öfter. Mit der Zeit gelingt es dir immer besser, bewusst im Moment zu sein und deine innere Mitte zu finden.

Vielleicht ist dir aufgefallen, dass dein Verstand in der kurzen Zeitspanne immer wieder abschweifen will. Lass dich nicht beirren, sondern lass die Gedanken ziehen wie Wolken. Du hast später Zeit, darüber nachzudenken, wenn es etwas Wichtiges war. Jetzt geht es mal eine Minute lang ganz um dich.

Wenn es dir noch schwergefallen ist, dein eigener Beobachter zu sein, probiere Folgendes aus:

Beobachte, wie dein Atem in deine Nasenflügel dringt. Fühl die Atemluft, wie sie weiter in deine Nase steigt, noch kühl, und dann zu deiner Lunge strömt. Leg nach dem Einatmen eine winzige Pause ein. Dann lass den Atem entweichen und beobachte wieder, wie er, nun wärmer, durch deine Nase den Körper verlässt.

Wiederhole dies einige Atemzüge lang. Beobachte, was in der winzigen Pause zwischen Ein- und Ausatmen geschieht. Jetzt bist du ganz bewusst. Du bist nicht dein Atem. Du bist.

Wenn die Vergangenheit immer wieder anruft,
lass sie einfach auf die Mailbox sprechen.
Sie hat dir sowieso nichts Neues zu erzählen.

Die Kraft des Augenblicks

Den Augenblick wahrzunehmen bedeutet auch, sich seine Kraft zu eigen zu machen. Ich erinnere mich, wie wir in der Schule einen Halbmarathon laufen sollten. Es war das erste Mal, dass ich eine solche Strecke lief, und ich wollte es unbedingt ins Ziel schaffen. Doch nach den ersten zehn Kilometern fühlten meine Beine sich an wie Blei. Als ich daran dachte, dass ich nicht mal die Hälfte der Strecke hinter mir hatte, war ich kurz davor aufzugeben. Ich kämpfte mit mir – und gegen mich. Wie sollte ich weitere zehn, elf Kilometer schaffen, wenn ich jetzt schon am Rand der Erschöpfung war? Die nächsten Meter quälte ich mich vorwärts, den Tränen nahe. Unwillkürlich konzentrierte ich mich auf jeden einzelnen Schritt – und plötzlich fiel der Stress von mir ab. Es gab nur noch den Augenblick. Ich geriet in eine Art Flow, kam mir so vor, als liefe ich ganz von selbst. Ich holte von irgendwoher die Kraft, um weiterzumachen, und es fiel mir nicht einmal schwer.

Es war das erste Mal, dass ich die Kraft des Augenblicks spürte. Seither beschenkt mich das Leben immer wieder mit besonderen Momenten.

Auch das ist Leben: glückliche, überraschende Momente, die sich aneinanderreihen wie Perlen auf einer Kette. Perlen findet man nicht an der Oberfläche von Tümpeln, sondern auf dem Grund. Man muss danach tauchen. Genauso ist es mit den bewussten Augenblicken. Nimm sie bewusst und mit all deinen Sinnen wahr – und werde Zeuge, wie dein Leben intensiver wird und sich zum Positiven wandelt.

Big River Man

Ein extremes Beispiel dafür, welche Kraft im Augenblick liegt, ist der Marathonschwimmer Martin Strel, auch bekannt als Big River Man. Dem 1954 geborenen Slowenen gelang es als Einzigem, die großen Flüsse unserer Erde – die Donau, den Yangtse, den Paraná, den Amazonas und den Mississippi – von der Quelle bis zur Mündung zu durchschwimmen. Für seine außergewöhnlichen Leistungen erhielt er viele Auszeichnungen und er hält fünf Weltrekorde im Guinnessbuch. Ein sensationelles Ereignis war das Durchschwimmen des Amazonas im Frühjahr 2007. Um die Länge des Flusses von 5268 Kilometern zu bezwingen, benötigte er rund sechsundsechzig Tage. Kaum vorstellbar, nachdem man nach sechzig Minuten Schwimmen im freien Wasser oft schon völlig erschöpft ist. Und es war nicht die körperliche Anstrengung allein, die ihn herausforderte – er wurde von Piranhas angegriffen, vom Blitz getroffen und schwamm durch Berge von Müll, die unsere Flüsse vergiften.

In seinen Interviews sprach Martin Strel davon, dass er sich schon als Kind das Wasser zum Freund gemacht habe, um sich vor seinem strengen und oft gewalttätigen Vater in Sicherheit zu bringen. Er erzählte auch, dass er eine Methode gefunden habe, keinen Schmerz mehr zu fühlen, der ihn zum Aufgeben zwingen könnte.

Anfangs zählte er seine Schwimmzüge und fühlte sich nach Stunden vom Schmerz fast überwältigt. Tränen der Anstrengung traten ihm in die Augen, und er musste sich eingestehen, dass es einfach zu hart war, was er sich selbst abverlangte. Doch er gab nicht auf. Während er die Donau durchschwamm, hatte er ein einmaliges Erlebnis. Unvermittelt gelangte er in einen Zustand tiefster Konzentration, einer Meditation gleich, bei der man Zeuge des Augenblicks wird. Der Schmerz in seinen Schultern und Armen bestimmte nicht länger sein Denken, ja, er fühlte ihn nicht einmal mehr. Alle Gedanken daran, wie viele Tage er noch schwimmen musste, um bis zur Mündung zu gelangen, waren nicht mehr wichtig. Allein der Augenblick zählte und gab ihm die Kraft zum Weiterschwimmen.

Er konnte sich selbst nicht erklären, was geschehen war. Später sprach er mit Wissenschaftlern darüber, die ihm erklärten, so etwas sei nicht machbar. Doch für Martin Strel war es sehr wohl möglich – und das beweist er mit seinen Ausnahmeleistungen immer wieder aufs Neue.

Das Leben ist schön –
von einfach war nie die Rede.
Doch egal, wie gut oder schlecht
eine Situation ist – sie wird sich
früher oder später ändern.

Ein Leben voller Möglichkeiten

Ich will ehrlich sein: Auch ich bin noch nicht dort, wo ich sein könnte. Manchmal lasse auch ich mich einfangen von Gedanken, Gefühlen, Sorgen. Doch zum Glück bin ich nicht mehr dort, wo ich einmal war. Ich bin auf dem Weg – und in jedem Augenblick habe ich die Chance zu entscheiden, wie ich mein Leben angehen möchte. Kann dankbar sein für das, was ich habe. Ein Stück mehr ich selbst sein. Anders geht es nicht, wenn wir glücklich sein und damit auch andere glücklich machen wollen. Wir haben nur dieses eine Leben. Und es steckt voller Möglichkeiten.

Im Alter fragen wir uns nicht, wem wir es die ganzen Jahre über recht gemacht haben. Wir fragen uns, warum das Leben so schnell an uns vorbeigezogen ist. Ob es das schon war. Ob wir nicht intensiver hätten erleben, lieben und geben können. Lass uns ganz offen sein! Wir wissen nicht, wann wir sterben werden. Wie viele Jahre, Monate, Wochen oder Tage noch vor uns liegen. Konzentrieren wir uns auf ein Leben VOR dem Tod!

Die Entscheidung dafür liegt immer in der Gegenwart. Wenn du dir vornimmst, ab dem nächsten Monat dein Leben mehr zu genießen und aus dem Vollen zu schöpfen, dann klappt das nicht. Dann hast du die Entscheidung unbewusst in eine ungewisse Zukunft verlegt. Der einzige Moment, um glücklich zu sein, ist JETZT.

Deshalb: Verbring deine Zeit mit Menschen, die dich bedingungslos glücklich machen, und nicht mit denen, die du erst beeindrucken musst, um von ihnen akzeptiert zu werden. Glaube an dich und verbiege dich niemals, um anderen zu gefallen – weder in deinem Privatleben noch im Beruf.

Du denkst, das ist schwer?

Lass uns ehrlich sein! Es ist wirklich nicht immer einfach, sein Leben zu ändern. Auch mal anzuecken, statt anderen immer nur zu gefallen. Nicht um Zuwendung zu betteln, sondern darauf zu vertrauen, dass sie uns im richtigen Moment von der richtigen Person zuteilwird. Aber früher oder später wirst du nicht mehr die Kraft haben, eine Rolle zu spielen, für alles und jeden Verantwortung zu übernehmen, dich selbst aufzugeben. Und warum solltest du auch? Du bist einzigartig, ein Kind dieses Universums. Du hast das Recht auf dein Leben. Deshalb – entscheide dich hier und jetzt, in diesem Moment, die Gegenwart zu genießen! Atme einmal tief durch! Du lebst.

Das Leben ist kein Kampf, der gewonnen werden muss. Auch kein Problem, das gelöst werden muss. Es ist ein Geschenk und ein Abenteuer, das gelebt werden will.

Mein Tipp

Nimm dir immer wieder am Tag bewusst einen Augenblick Zeit, das Leben zu genießen – und zwar mit all deinen Sinnen. Vielleicht stellst du ja fest, dass du wie von selbst dabei lächelst.

- 🍀 Hast du heute schon die Sonne auf der Haut gespürt? Oder den Wind? Den Regen?
- 🍀 Sieh dich um und suche etwas, das dein Auge erfreut. Du findest nichts? Dann sorge besser für dich, schenke dir eine Blume oder stell ein schönes Bild auf.

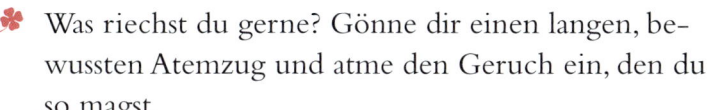

- ❀ Was riechst du gerne? Gönne dir einen langen, bewussten Atemzug und atme den Geruch ein, den du so magst.
- ❀ Konzentriere dich ganz aufs Hören – vielleicht hörst du jemanden lachen? Oder Wasser plätschern?
- ❀ Genieße für einen Moment dein Essen, diesen besonderen Geschmack in deinem Mund …
- ❀ Dein Leben ist trist? Deine Umgebung auch? Es gibt Phasen im Leben, die uns niederdrücken. Aber du weißt bereits, dass sie sich ändern werden, denn nichts ist statisch. Wenn dir dieses Wissen im Augenblick nicht weiterhilft, geh hinaus und sieh dich um! Hast du schon einmal die Blumen bemerkt, die aus dem Asphalt wachsen? Obwohl alles ringsum sich gegen sie verschworen hat, geben sie nicht auf. Spüre ihre Kraft! Das ist pures Leben.

Gerade als die Raupe dachte, das Leben sei vorbei, wurde sie zum wunderschönen Schmetterling.

Achte auf deine Gedanken,
denn sie werden Worte.
Achte auf deine Worte,
denn sie werden Handlungen.
Achte auf deine Handlungen,
denn sie werden Gewohnheiten.
Achte auf deine Gewohnheiten,
denn sie werden dein Charakter.
Achte auf deinen Charakter,
denn er wird dein Schicksal.

Aus dem Talmud

Die Kraft der Gedanken

Ein positiver Gedanke am Morgen, gleich nach dem Aufwachen, kann deinen ganzen Tag verändern. Warum das so ist?

Gedanken bestimmen unser Leben. Sie beeinflussen, wie wir uns fühlen. Stell dir vor, du wachst auf, streckst dich und denkst: »Das wird ein wunderbarer Tag! Ich muss eine Menge erledigen, aber erstens schaffe ich das, und zweitens wird es immer wieder Momente geben, die schön sind, die ich genießen kann. Darauf freue ich mich schon jetzt.« Oder aber: »Verdammt, schon wieder einer dieser Tage, an denen ich lauter Aufgaben erledigen muss, zu denen ich keine Lust habe. Ach, wäre es doch schon Abend!« Was meinst du, wie wirst du dich den Tag über fühlen, wenn du dich für die erste Option entscheidest? Für die zweite?

Unsere Gedanken können eine unglaubliche Macht über uns haben. Oft ist uns dies nicht mal bewusst. Gedanken entscheiden darüber, wie wir unser Leben gestalten, wie offen wir anderen Menschen begegnen, wie wir mit uns und anderen umgehen, was wir sagen, tun oder nicht tun. Deshalb ist es so wichtig, unsere Gedanken wahrzunehmen und zu kontrollieren, statt uns von ihnen beherrschen zu lassen.

Lass uns die verschiedenen Arten von Gedanken betrachten, damit wir besser verstehen, was in unseren Köpfen vor sich geht und warum. Unser Gehirn besteht aus 86 bis etwa hundert Milliarden Nervenzellen (Neuronen) – das sind fast so viele, wie es sonnenähnliche Sterne in der Milchstraße gibt. Neuronen stehen miteinander in Verbindung; neuesten Forschungen zufolge hat bei Erwachsenen jedes einzelne Neuron zehntausend Kontaktstellen (Synapsen). Neugeborene haben noch wenige Verschaltungen; sie müssen sich erst bilden. Das erklärt, warum die Kleinkindphase solch einen prägenden Einfluss auf die spätere Entwicklung eines Menschen hat. Neue Verbindungen entstehen aber auch, wenn wir bereits erwachsen sind. Wir lernen nie aus – wir können immer dafür sorgen, unseren Horizont zu erweitern und unser Leben aus einer neuen Perspektive zu betrachten.

Zurück zu den Gedanken. Reize aus der Außen- oder Innenwelt werden durch die Nervenbahnen an das Gehirn weitergeleitet. Angenommen, du hörst einen Vogel zwitschern. Das Geräusch wird über die Sinneszellen in deinem Ohr als elektrischer Impuls zu deinem Gehirn weitergeleitet und löst dort eine sogenannte neuronale Aktivität aus. Dein Gehirn identifiziert das, was du hörst, als Vogelzwitschern; je nach Verschaltung in deinem Gehirn entsteht daraus ein Gedanke mit unterschiedlichen Assoziationen. Vielleicht erinnerst du dich an deinen Großvater, der dir die einzelnen Vogelstimmen erklärt hat. Durch einen solchen Gedanken können ganz unterschiedliche Gefühle in dir ausgelöst werden, von Wärme und Liebe bis hin zu Trauer und Verlust. Vielleicht bist du von dem Vogelgezwitscher aber auch ganz einfach genervt, denn es hat dich geweckt, und du kannst nicht wieder einschlafen. Dann nehmen deine Gedanken eine ganz andere Richtung, und du schiebst dies auf die Vögel. Wenn der neuronale Impuls – das Gezwitscher – im Gehirn als Reiz ankommt, verselbstständigt er sich, während er weitergeleitet wird, und kann ein ganzes Netz an persönlichen Assoziationen aktivieren. Betrachten wir dieses Netz genauer, so erkennen wir, dass es eine ganze Menge über uns aussagt. Doch dazu später.

Monkey Mind

Wenn wir unsere Gedanken über den Tag hinweg beobachten, stellen wir fest, dass ein Großteil davon ziemlich unkontrolliert ist. Wir kommen ständig vom Hundertsten ins Tausendste. Eben noch haben wir versucht, uns darauf zu konzentrieren, was unser Chef im Meeting sagt, und schon schweifen wir ab, denken an völlig belanglose Dinge, reisen einmal um den Globus und merken es gar nicht. Unsere Gedanken springen umher wie eine Horde Affen, hangeln sich von Idee zu Idee, schwingen sich in geistige Höhen oder sacken in die Tiefe und drehen sich im Kreis. Die Buddhisten nennen diesen rastlosen, konfusen und umherspringenden

Gedankenstrom denn auch passenderweise »Monkey Mind«. Und genauso fühlt es sich von Zeit zu Zeit in unseren Köpfen an – wie im Affenhaus.

Wir können unsere Gedanken zwar mithilfe von Konzentrationstechniken für einen kurzen Zeitraum unterdrücken, doch kaum lassen wir in der Übung nach, dreht sich das Gedankenkarussell aufs Neue.

Das muss nicht immer etwas Schlechtes sein. Gedanken sind ein Ausdruck von Leben: Solange unser Gehirn lebendig ist und Impulse empfängt, denkt es und beeinflusst uns. Gerade deshalb sollten wir uns unsere Gedanken zu Freunden machen.

Schwarz und Weiß

Es gibt Gedanken oder Ideen, die unser Leben verändern können. Als Menschen sind wir in der Lage, allein durch Überlegung komplexe Lösungen zu finden. Alles um uns herum ist durch einen Gedanken entstanden, von dem Buch, das wir in den Händen halten, über das Sofa, auf dem wir sitzen, das Haus, in dem wir wohnen, bis weit hinaus zu Satelliten und Weltraumstationen. Irgendjemand hatte die Idee dazu, und andere haben sie verwirklicht. Der menschliche Geist ist großartig.

Es gibt erhebende, tröstende, liebevolle, durchweg positive Gedanken. Sie können heilen, ein Leben retten oder es verbessern. Doch Gedanken können auch zerstören. Wir alle kennen niederdrückende Gedanken, Pessimismus, diese innere Stimme, die alles schwarzmalt. Wenn wir in dem Käfig negativer

Gedanken gefangen sind, drehen wir uns im Kreis. Wir machen uns Sorgen, die sich zu existenziellen Ängsten steigern können. Dann sehen wir keinen Ausweg mehr, driften ab in Hoffnungslosigkeit. Gedanken können so stark und düster sein, dass Menschen sich und andere verletzen. Und deshalb ist es wichtig, dass wir unsere Gedankenwelt erforschen. In unserem Gehirn existieren Billionen von Verschaltungen. Den Weg, den ein Gedankenimpuls nimmt, können wir selbst bestimmen – wenn wir uns dessen bewusst sind. Bewusstsein ist der Schlüssel, um die eigenen Gedanken wahrzunehmen und sie positiv umzuprogrammieren. Und das ist gar nicht so schwer.

Lass mich dir eine Geschichte erzählen …

DER SCHWARZE PUNKT

Ein Psychologiedozent machte eines Morgens einen Test. Auf dem Blatt, das er an seine Seminarteilnehmer austeilte, standen jedoch keine Fragen. Stattdessen prangte in der Mitte des Blattes ein fetter schwarzer Punkt. Die Aufgabe lautete, das niederzuschreiben, was einem beim Betrachten des Blattes in den Sinn kam.

Die Studenten waren verwirrt. Sie waren sich nicht sicher, was von ihnen erwartet wurde. Da es jedoch ein Test war, begannen sie zu schreiben. Nach einer Viertelstunde sammelte der Dozent die Blätter wieder ein. Dann las er die Antworten vor. Sie beschäftigten sich ausnahmslos mit der Größe des Punktes, der Schwärze, der Position auf dem Blatt und dem Abstand zu den Seitenrändern.

»Ich werde Ihre Antworten nicht benoten«, sagte der Dozent ab-

schließend. »Aber ich möchte Sie bitten, über Folgendes nachzudenken. Jeder von Ihnen hat über den schwarzen Punkt geschrieben, doch kein Einziger über das weiße Blatt – obwohl es viel mehr Raum einnimmt als der Punkt. Genauso ist es auch in unserem Leben. Wir sind ständig auf das Negative fokussiert. Gesundheitliche Probleme, finanzielle Engpässe, Schwierigkeiten in Beziehungen zu anderen Menschen, Enttäuschungen und was nicht alles. Wir konzentrieren uns immer auf das Negative und lassen zu, dass es unsere Gedanken, ja, unser Leben vergiftet.« Er ließ den Blick über die Seminarteilnehmer wandern.

»Lösen Sie sich von der Negativität und freuen Sie sich an allem Guten! Seien Sie glücklich und leben Sie positiv!«

Wie wäre es dir in dem Test ergangen? Hättest du dich auch auf den schwarzen Punkt konzentriert? Dann ist es an der Zeit, das Leben wieder in seiner Gesamtheit zu betrachten und dem schwarzen Punkt nicht mehr Raum zuzugestehen, als er einnimmt. Programmieren wir uns darauf, stattdessen all das Gute in unserem Leben wahrzunehmen!

Deine Gedanken-App

Stell dir vor, dir ist bei deiner Arbeit etwas richtig gut gelungen, und dein Chef macht dir ein Kompliment dafür. Wie reagierst du? Lass uns ganz ehrlich sein: Kannst du »Danke« sagen und dich darüber freuen? Fühlst du dich bestärkt in dem, was du tust? Dann gratuliere ich dir. Mach weiter so!

Vielleicht denkst du aber auch ganz automatisch: »Ach, das war ja nichts Besonderes. Jeder hätte das hingekriegt. Bestimmt hätte man es noch besser machen können. Wenn ich nicht so dumm wäre, hätte ich das schon vorher geschafft. Keine Ahnung, ob ich das noch mal hinbekomme. Und wenn nicht? Verliere ich dann am Ende meinen Job? Und überhaupt, meint der das ernst mit seinem Lob? Vielleicht sagt er das bloß so …«

Wenn du auch nur ansatzweise so denkst, gehörst du zum großen Teil der Menschen, die sich ständig selbst kritisieren und herabsetzen. Weil sie es nicht anders gelernt haben.

Um uns selbst besser kennenzulernen und herauszufinden, wie wir mit uns umgehen, ist es ganz wichtig, die eigenen Gedanken zu beobachten und uns nicht länger mit ihnen zu identifizieren. Negative Gedanken können urteilen, herabsetzen, vergleichen, destruktiv sein. Sie folgen einem Programm, dem wir bewusst entgegensteuern können, wenn wir es erst einmal erkannt haben.

Die Gehirnzellen von Babys sind, wie oben erwähnt, nach der Geburt noch nicht stark miteinander verknüpft. Die Bildung der Synapsen findet in den ersten Lebensjahren statt. In diesem Zeitraum sind die Liebe, die Fürsorge und die Erziehung der Eltern und Bezugspersonen ganz entscheidend. In den ersten zwei Jahren entwickelt ein Kind nicht nur Urvertrauen, sondern auch seine Intelligenz. Es lernt, sich zu konzentrieren und mit Stress umzugehen. Auch die Empathie und weitere soziale Fähigkeiten werden früh angelegt. Solange ein Kind noch nicht rational reagieren kann, ist es stark von Gefühlen bestimmt. Doch es kann die Gefühle noch nicht verstehen oder gar kontrollieren. Die Bezugspersonen können ihm dabei helfen, Angst, Wut, Verlustgefühle und andere Emotionen zu regulieren. Wenn das Kind Trost und Verständnis erfährt, sich nicht alleingelassen fühlt und seine positiven Gefühle bestärkt werden, wird es voller Selbstvertrauen und Empathie heranwachsen. Es übernimmt ganz selbstverständlich Muster aus der Außenwelt, denn es wird durch sie geprägt – positiv wie negativ.

Ich vergleiche diesen Prozess mit der Installierung einer »App« oder Anwendungssoftware. Dabei stelle ich mir vor, jeder Mensch wäre ein Smartphone – du weißt ja schon, dass ich ein Faible für IT habe. Wenn wir auf die Welt kommen, ist nur das Betriebssystem mit den wichtigsten Programmen zur Lebenserhaltung vorinstalliert. Noch gibt es keine Apps, sie installieren sich erst, nämlich durch den Umgang unserer Bezugspersonen mit uns, durch unsere Erziehung und Prägung. Unsere Wahrnehmung – die fünf Sinne – bilden die Schnittstelle: Sie sind unser Tor zur Außenwelt.

Alles, was wir wahrnehmen, was wir denken und fühlen, und auch alles, was in unserem Leben passiert, läuft über diese Apps. Der größte Teil davon ist unbewusst, doch alles, was programmiert – oder geprägt – wird, wirkt sich entsprechend auf unser weiteres Leben aus. Wir können diese Apps nicht löschen, aber wir können sie umprogrammieren.

Ein Beispiel: Kinder haben manchmal die fantasievollsten Gedanken. Sie können sogar richtig philosophisch sein. Wie stark sich die kindliche Vorstellungskraft und der Kontakt zur inneren Weisheit entwickeln, hängt in hohem Maß davon ab, wie erwachsene Bezugspersonen damit umgehen. Stell dir ein Kind vor, das draußen im Garten gespielt hat und mit einer unglaublichen Geschichte ins Haus gestürmt kommt.

Während es erzählt, wie riesige Drachen über die Baumkronen flogen, röten sich seine Wangen. Mit kindlichen Gesten beschreibt es, wie groß die Drachen waren, wie sie aussahen. Es sucht nach Worten, die Stimme überschlägt sich, und es steht noch ganz unter dem Bann des Erlebten.

Nun stell dir vor, wie die Bezugspersonen reagieren. Vielleicht hört die Mutter interessiert zu, fragt nach, und ihre Mimik spiegelt die Überraschung und Faszination des Kindes wider. Derart bestärkt, kann ein solches Kind seiner Fantasie freien Lauf lassen. Während seine Vernunft sich entwickelt, lernt es ganz natürlich, Fantasie und Wirklichkeit zu trennen. Seine Vorstellungskraft wird zu seiner Ressource, sein Motto heißt: »Think big!«

Ganz anders ein Kind, das keine unterstützenden Eltern hat. Vielleicht hört es einen Satz wie: »Was du wieder für einen Unsinn erzählst! Komm, wasch dir die Hände, du hast dich ja ganz schmutzig gemacht!« Dieses Kind erfährt keine Wertschätzung und kann seine Fantasie infolgedessen nicht frei entfalten. Vielleicht behält es seine Träume und Gedanken künftig für sich, da andere kein Interesse daran zeigen. Es wird ihm schwererfallen, ungewöhnliche Ideen zu entwickeln. Da es als Kind den Fehler nicht bei den Eltern sucht, sondern bei sich selbst, wird »Was ich wieder für einen Unsinn erzähle« zu seinem Glaubenssatz. Statt »Think big!« heißt es: »Bleib auf dem Boden!«

Diese Prägung erstreckt sich auf alle Bereiche des Lebens. Unsere innere App wurde entsprechend programmiert, und zwar zu einer Zeit, da wir uns dessen nicht bewusst waren und auch nichts dagegen unternehmen konnten. Bis heute wirken sich diese Programmierungen auf unsere Gedanken und Verhaltensmuster aus. Unser Selbstbild ist in Wahrheit ein Fremdbild: So, wie andere mit uns umgegangen sind und uns gesehen haben, glauben wir zu sein.

Wir alle haben unzählige solcher inneren Programme. Du erkennst sie ziemlich genau anhand der Stimmen, die dich den Tag über kommentieren.

Gedanken steuern unsere Lebensqualität

»Wie sehe ich nur wieder aus!« – »Das klappt sowieso nicht.« – »Ich habe einfach kein Glück.« – »Wieso sollte er/sie ausgerechnet mich lieben?« – »Am Ende stehe ich sowieso wieder als Versager da.« – »Gewinnen tun immer die anderen.« – »Bei mir läuft immer alles schief.« – »Keiner liebt mich.«

Kein Fremder geht so gnadenlos herabsetzend mit uns um wie unsere inneren Stimmen – der Kritiker, Nörgler, Besserwisser, Spielverderber, das Opfer und wie sie alle heißen.

Sie kennen unsere wunden Punkte und setzen tagein, tagaus ihre Spitzen, um unser Selbstvertrauen weiter zu untergraben. Sie verderben uns die schönsten Momente und rauben uns das Glück, auf das wir ein Recht haben.

Kennst du das auch? Hast du dich selbst auch schon mal bei einem negativen Kommentar beobachtet? Wie nennst du die inneren Stimmen, die dir das Leben madig machen und dir einreden, du seist nicht gut genug?

Wenn wir mit uns selbst auch nur annähernd so sprächen wie mit unseren Freunden, mit Menschen, die wir lieben und unterstützen, dann sähe unser Leben ganz anders aus. »Das schaffst du!« – »Ich vertraue dir.« – »Ich glaube an dich.« – »Du bist etwas Besonderes.« – »Du bedeutest mir etwas.«

Ich frage dich: Hast du je so etwas zu dir selbst gesagt?

Wenn ja: Prima! Wenn nein: Lass uns schauen, warum das so ist! Und dann lass es uns ändern!

Diese internalisierten Stimmen stammen aus unserer Kindheit. Oft können wir sie direkt den Personen zuordnen, die im Leben Macht über uns hatten. Sie verkörpern die Glaubenssätze, die wir über uns selbst haben und ständig wiederholen.

Jeder innere Kommentar beginnt mit einem Gedankenimpuls. Wie dieser Gedanke sich entwickelt und was unser innerer Kritiker daraus macht, richtet sich ganz nach dem Programm – unserer App. Negative Prägungen aus der Kindheit können uns daran hindern, uns positiv zu unterstützen und Vertrauen zu haben. Sie sorgen dafür, dass in unserem Kopf eine so schlechte Stimmung herrscht. Und genau hier müssen wir ansetzen.

Es ist nie zu spät

Wenn du auf deinem Smartphone eine App hast, die die ganze Zeit dafür sorgt, dass dein Handy mehr Energie braucht, die andere Apps blockiert und das System zum Abstürzen bringt – was tust du dann? Akzeptierst du das einfach so? Nein, oder? Du löschst sie und entscheidest dich für eine andere, bessere App.

Ob etwas gelingt, erfährst du meist nicht, wenn du darüber nachdenkst, sondern indem du es ausprobierst.

Das Gleiche solltest du mit deiner »Negative-Gedanken-App« machen. Auf diese Weise sparst du viel Energie, sorgst für eine bessere Gesundheit, positive Gefühle und machst einen Riesensatz auf dem Weg zum Glück.

Weiter oben habe ich geschildert, was die Neurologie seit Neuestem weiß: dass Stressregulation und andere wichtige Mechanismen, die unsere innere Zufriedenheit steuern, bereits nach der Geburt angelegt werden. Doch auch wenn du eine schwierige Kindheit hattest und schmerzliche Erfahrungen gemacht hast, kannst du jetzt, in diesem Augenblick, damit beginnen, die Weichen neu zu stellen. Dass dies funktioniert, siehst du an meiner persönlichen Geschichte. Es war mein eigener Wille, der mir geholfen hat, die Traumata meiner Kindheit hinter mir zu lassen. So einfach, wie es sich hier schreibt, war das nicht. Viele Nächte wachte ich schweißüberströmt auf und war voller Angst. Ich musste mich Morgen für Morgen überwinden, zur Schule zu gehen. Wenn ich etwas auf Deutsch sagen wollte, lachten mich alle aus. Was hätte ich tun sollen – schweigen? Die Decke über den Kopf ziehen, mich verstecken? Ich hatte eine zweite Chance aufs Leben bekommen, und die wollte ich nicht verspielen, sondern nutzen. Genau diese Einstellung hat mir geholfen, am Ball zu bleiben und niemals aufzugeben. Und was ich kann – das schaffst du auch.

Umprogrammieren – leicht gemacht

Im vorigen Kapitel hast du bereits gelernt, dein Gedankenkarussell mit einem einfach »Stopp!« anzuhalten. In der Ein-Minuten-Meditation beobachtest du, wie deine Gedanken entstehen. Das ist bereits ein großer Schritt!

Mit der folgenden Technik kombinieren wir, was wir bereits können, und lernen dann, unsere Gedanken bewusst umzuprogrammieren.

Übung

Den Anker setzen
Wähle einen Gegenstand, den du bei dir trägst und auf den du im Alltag immer wieder den Blick lenkst, wie zum Beispiel deine Armbanduhr, einen Ring oder dein Handy. Nun entscheide dich bewusst dafür, ihn als Anker zu nutzen: Wann immer dein Blick daraufällt, nimmst du dir ein paar Sekunden Zeit für diese wichtige Technik.

Das Setzen des »Ankers« stammt aus dem Neurolinguistischen Programmieren (NLP) und ist eine Technik, die ich in vereinfachter Form mit viel Erfolg selbst im Alltag nutze. Hierbei stellt man eine willentliche Verknüpfung her zwischen einem Gebrauchsgegenstand und einem Verhalten, das man sich an- oder abtrainieren möchte. Jedes Mal, wenn du dich beim Blick auf den betreffenden Gegenstand an diese Technik erinnerst, wird dein Anker stärker.

Wahrnehmen
Immer wenn dein Blick auf den Anker fällt, frage dich kurz: Was habe ich gerade gedacht?

Was geht gerade in dir vor? Was beschäftigt dich? Woran denkst du? Und wie denkst du? Beobachte für einen Moment, wie deine Gedanken vorbeiziehen. Halte sie nicht fest und bewerte sie nicht. Sie sind einfach nur Gedanken – eine neuronale Aktivität deines Gehirns.

Stopp!
Unterbrich bewusst deinen Gedankenstrom mit der Filmrisstechnik (siehe Seite 54)!

Für einen winzigen Moment gelingt es dir auf diese Weise, deine Gedanken anzuhalten. Bevor dein gewohnter Gedankenstrom weiterläuft, kommt der nächste Schritt:

Umprogrammieren
Erinnere dich an die Gedanken, die du gehabt hast, und formuliere sie positiv um!

Wenn du deine Gedanken innerlich umschreibst, achte darauf, dies mit positiven, motivierenden Worten zu tun. Und ganz wichtig: Nimm dir einen Moment Zeit, das Gefühl zu spüren, das sich einstellt, während du positive Gedanken bewusst erzeugst!

Positives Denken erfordert Mut: den Mut, neue Wege zu gehen. Den Mut zur Veränderung. Dazu bedarf es einer Portion Entdeckergeist: Lassen wir uns vom Leben überraschen und machen wir weiter, statt den Kopf in den Sand zu stecken und aufzugeben! Auch der Humor hilft uns weiter: Lachen wir doch einfach mal ein bisschen öfter – über das Leben, über uns selbst! Vor allem aber: Wenn wir etwas nicht ändern können, dann nehmen wir es an – und machen etwas daraus.

Hier einige Beispiele für wirksame Umprogrammierungen:

Ich schaffe das niemals ⋯⋰⋰◥ Ich habe den Mut und die Fähigkeiten, alle Aufgaben zu bewältigen, die mir gestellt werden.

Ich halte diesen Stress nicht mehr aus ⋯⋰⋰◥ Ich habe schon oft Stress gehabt und es hinbekommen. Diesmal schaffe ich es auch.

Wie sehe ich bloß wieder aus ⋯⋰⋰◥ Manchmal gefalle ich mir besser und manchmal schlechter. Davon lasse ich mir die Laune nicht vermiesen.

Ich habe sowieso kein Glück ⋯⋰⋰◥ Ich habe schon oft Glück gehabt – mal mehr, mal weniger. Wie alle anderen Menschen auch. Das ist ganz normal.

Bei mir läuft ja doch immer alles schief ⋯⋰⋰◥ Ich habe schon viele Dinge geschafft. Wenn es schiefläuft, versuche ich es noch mal. Bis es klappt.

Nie hilft mir jemand ⋯⋯ᵔ◣ Ich versuche es allein zu schaffen. Wenn ich Unterstützung brauche, frage ich danach. Bestimmt ist dann jemand da.

Und jetzt du! Notiere alle negativen Gedanken, die für dich typisch sind, streiche jeden einzelnen fett und entschlossen durch und schreibe dahinter einen positiven, aufbauenden und motivierenden Gedanken!

Und vergiss nicht:
Denke nicht so viel nach, denn es ist okay, nicht alle Antworten zu kennen.
Lächle öfter, denn du hast nicht alle Probleme der Welt.

Typische Hindernisse auf dem Weg

Wenn wir unsere Gedanken beobachten und sie umprogrammieren wollen, um das Positive in unser Leben einzuladen, stoßen wir oft auf Hindernisse, und zwar meistens in uns selbst. Mit anderen Worten: Solange die App noch aktiv ist oder in der Cloud darauf wartet, wieder heruntergeladen zu werden, läufst du Gefahr, in destruktive alte Verhaltensmuster zu verfallen.

Dabei sind es vor allem zwei Arten von Hindernissen, die sich uns in den Weg stellen: die Vergangenheit und die Zukunft.

Vermutlich stimmst du mir zu, wenn ich sage: Dein Weg wäre um vieles einfacher und leichter, wenn du deine Vergangenheit nicht ständig mitschleppen würdest.

Leichter gesagt als getan?

Natürlich können wir nicht ausradieren, was in unserem Leben passiert ist. Es hat Spuren in uns hinterlassen: in unseren Gedanken, Gefühlen und oft auch im Körper. Unsere Vergangenheit hat uns zu dem Menschen gemacht, der wir heute sind. Wir sind verletzt worden und haben andere verletzt. Wir haben Verlust kennengelernt. Wir haben Fehler gemacht, aber wir haben auch viele gute Entscheidungen getroffen und eine ganze Menge bewältigt. Festhalten bedeutet, dass unsere Gedanken weiterhin um das kreisen, was war. Die Vergangenheit beeinflusst uns auch auf der neuronalen Ebene. So, wie du im Alltag immer wieder die gleichen Wege nimmst, tun es auch deine Gedankenimpulse. Du kannst es dir vorstellen wie einen Weg durch eine Wiese. Wenn du tagein, tagaus immer den gleichen Weg nimmst, verkümmert das Gras auf deinem Pfad. Links und rechts am Wegrand wachsen die schönsten Blumen in allen erdenklichen Farben. Schmetterlinge schweben von Blüte zu Blüte, Grillen zirpen … doch unter deinen Füßen gibt es bald nur noch braune Erde ohne Leben.

Genauso verhält es sich, wenn du in Gedanken in der Vergangenheit lebst. Du beraubst dich selbst deines Lebens. Was immer geschehen ist: Entscheide dich jetzt für neue Wege. Lass zu, dass du mit all deiner Kraft in der Gegenwart lebst! Programmiere deine Gedanken um – und lass dich überraschen, wie schön das Leben trotz allem ist!

Das zweite Hindernis ist die Zukunft – oder genauer gesagt, die Angst, die wir uns wegen der Ungewissheit unserer Zukunft machen. Wenn du deine Gedanken beobachtest, fällt dir möglicherweise auf, dass du dir ständig Sorgen machst um Ereignisse, die noch nicht eingetreten sind und ziemlich sicher auch gar nicht so eintreten werden. Die Fähigkeit, mit Furcht umzugehen, wird meist in der Kindheit angelegt. Waren deine Bezugspersonen eher ängstlich und voller Sorgen, hat sich das prägend auf dich ausgewirkt. Hinzu kommt, dass die Medien und auch viele Institutionen bewusst die Angst der Menschen schüren, denn so verkaufen sie sich und ihre Produkte besser. Auch hier heißt das Rezept: Wahrnehmen, stoppen und umprogrammieren. Im Kapitel »Keine Angst vor der Angst« lernst du weitere Techniken, mit deren Hilfe du dich deinen Ängsten stellen kannst. Bitte bedenke, dass neu erlernte Verhaltensweisen mindestens einundzwanzig Tage brauchen, um sich fest in dir zu etablieren.

Lass uns die Hindernisse auf unserem Lebensweg umformen in Herausforderungen und Chancen! Die Vergangenheit können wir nicht ändern, aber wir können dafür sorgen, dass sie ihren Einfluss auf unsere Gegenwart und Zukunft verliert. Unsere Zukunft können wir nicht vorhersehen. Aber wir können viel dafür tun, dass sie nicht von der Vergangenheit überschattet wird. Mithilfe positiver Gedanken können wir alle guten Ressourcen aktivieren, die wir in uns tragen. Sie helfen uns, kommende Stürme heil zu überstehen und die Segel in eine neue, befreite Zukunft zu setzen.

Deshalb: Genieße den Augenblick – in ihm liegt alle Kraft, deine Gedanken umzuprogrammieren und dein Leben zum Glück zu wenden.

Mein Tipp

Wenn du im Leben nur fünf Dinge beherzigen könntest –
dann sollten es diese sein, mit denen du heute noch aufhören
solltest:

- es jedem recht machen zu wollen,
- in der Vergangenheit zu leben,
- Angst vor Veränderungen zu haben,
- sich über alles den Kopf zu zerbrechen,
- sich selbst runterzuziehen.

Morgens, wenn du aufstehst, hast du die Wahl. Entscheide
dich bewusst dafür, an diesem Tag positiv zu denken! Beginne gleich damit, wenn du in den Spiegel schaust! Schenke dir
Wertschätzung! Unterstütze dich! Lobe dich! Habe Verständnis für dich selbst! Motiviere dich! Das schaffst du.

Am Ende des Tages weißt du, dass du recht hattest. Mach
weiter so! Ermutige dich!

*Es ist völlig in Ordnung,
auch mal negative Gedanken zu haben.
Aber lass nicht zu, dass sie dein
Leben vergiften! Deshalb:
Steh auf! – Sei positiv! – Bleib stark! –
Gib niemals auf!*

Entdecke die Kraft der Dankbarkeit

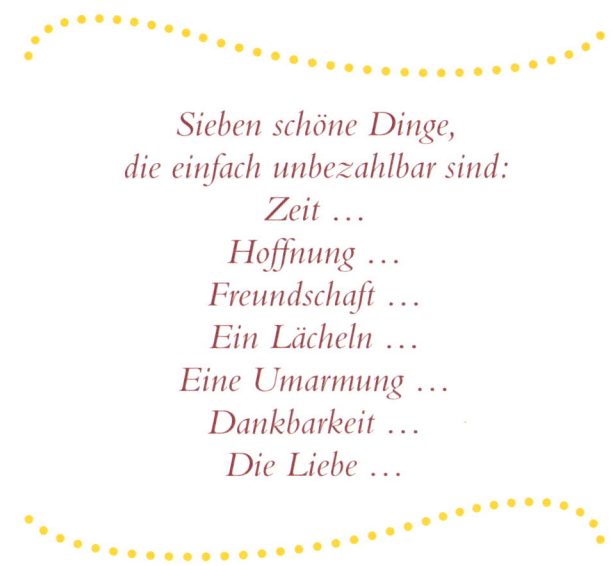

Sieben schöne Dinge,
die einfach unbezahlbar sind:
Zeit …
Hoffnung …
Freundschaft …
Ein Lächeln …
Eine Umarmung …
Dankbarkeit …
Die Liebe …

Einfach mal zufrieden sein

Nicht (nur) die Glücklichen sind dankbar – es sind die Dankbaren, die glücklich sind.

Dankbarkeit ist eine magische Kraft. Sie schenkt uns Lebensfreude und tiefe Zufriedenheit. Sie kann uns aussöhnen mit dem Leben und seinen Verlusten. Uns über den Alltag erheben. Wenn wir dankbar sind, richten wir den Fokus auf das, was wir haben und gehabt haben, was wir tun – was andere für uns tun und uns bedeuten. Und das ist eine ganze Menge, egal, in welcher Situation wir gerade sind.

Du merkst, ich bin ein echter Fan der Dankbarkeit. Komm, lass es uns ausprobieren! Lass uns gemeinsam für einen Augenblick dankbar sein …

… für Menschen in unserem Leben, die wir lieben oder geliebt haben,

… für die Natur, Tiere, die Sonne, den Regen, den Wind,

… für berührende Begegnungen und einmalige Erlebnisse,

… für das Gefühl von Sicherheit, ob materiell oder gefühlsmäßig,

… für etwas Besonderes, das uns gerade in den Sinn kommt.

Wenn wir lernen, uns auf die wirklich wichtigen Qualitäten auszurichten, wie Liebe, Mitgefühl, Güte und Dankbarkeit, beschenken wir zugleich uns selbst und unser Umfeld. Wir schaffen ein Gefühl von Harmonie um uns herum.

Vielleicht ist es dir auf Anhieb gelungen, und du hast gespürt, dass Dankbarkeit dich glücklicher und zufriedener macht. Vielleicht aber fühlt es sich noch ein bisschen ungewohnt an. Das Gute ist: Dankbarkeit kannst du trainieren. Schon bald steht sie dir als wichtiges Werkzeug zur Verfügung, mit dem du deinen eigenen Schlüssel zum Glück schmiedest.

Meine erste Lektion

Als ich nach Deutschland kam, hatten wir alles verloren: Freunde, unser Haus, unsere ganze Habe. Auch das Vertrauen und die Freude am Leben. Wir schliefen mit zwanzig, dreißig wildfremden Menschen in einem Raum, das Essen war rationiert, und oft fror ich. Es war viel kälter als in meiner Heimat, und wir hatten nicht genug warme Sachen mitnehmen können. Wenn ich aus dem Fenster der Kaserne blickte, sah ich einen einsamen, verregneten Hof voller Matsch. Aber wir mussten uns nicht länger verstecken. Nach den Tagen der Flucht hatten wir endlich wieder ein Dach über dem Kopf. Ich brauchte keine Angst mehr um mein Leben und das meiner Familie zu haben. Wenn ich auf den Hof ging, musste ich mich nicht an der Kaserne entlangducken und fürchten, dass brandschatzende Horden unterwegs waren. Ich sprang wieder über Pfützen und manchmal auch mitten hinein, und als der Winter kam, baute ich mit meiner Schwester den ersten Schneemann. Ich hatte wieder Freude am Leben und war Deutschland so dankbar, dass es uns ein neues Leben geschenkt hatte. Dieses Gefühl war wie eine Flamme in mir, die mich von innen heraus wärmte. Es half mir, die schwere Anfangszeit in der Schule zu überstehen.

Später war ich dankbar, als ich meine Angst überwand und wieder frei atmen, frei sprechen konnte. Und noch später, als ich für meine Angst dankbar war, fand ich meine wahre Stärke.

Das Leben genießen heißt nicht,
dass man alles hat.
Es bedeutet, dass man dankbar
ist für das, was man hat.

Auch aus schlechten Erfahrungen kann man etwas lernen, und gerade hier ist die Haltung der Dankbarkeit eine echte Verbündete. Ganz egal, wie schwer eine Situation ist, eines Tages blickst du zurück und erkennst, dass du ohne die Bewältigung dieser Hindernisse niemals dein ganzes Potenzial, deine Stärke, deine Willenskraft und deine Liebe in ihrer ganze Tiefe verwirklicht hättest. Du wärst nicht zu dem Menschen geworden, der du bist. Und das ist ein Grund, dankbar zu sein.

Das Leben stellt uns immer wieder vor die Wahl: Trauern wir dem hinterher, was wir verloren haben? Oder sind wir dankbar dafür, was wir hatten, was uns geblieben ist und was noch kommt?

» *Nimm dir die Zeit, um dankbar zu sein für alles, was du bereits hast. Denn wir können immer mehr haben … aber auch viel weniger.* «

Ganz einfach mal zufrieden sein

Dankbar sein heißt nicht, das Negative zu verdrängen oder schönzufärben – es heißt vielmehr, das Leben im Ganzen wahrzunehmen. Kein Leben ist nur schlecht und keines nur schön und einfach. Dankbar sein bedeutet auch nicht, plötzlich genügsam zu sein und um nichts mehr zu kämpfen. Vielmehr heißt es, innezuhalten und all das zu würdigen, was wir schon erreicht haben und was uns gegeben wurde. Egal, wo du gerade stehst – wenn du dir vergegenwärtigst, wofür du alles dankbar sein kannst, ändert sich deine Stimmung augenblicklich zum Positiven. Du bist zufrieden. Du freust dich darüber, was du dir erarbeitet hast, und darüber, was dir einfach so zugefallen ist. Vielleicht realisierst du auch, was im Leben selbstverständlich für dich geworden und dennoch ein Grund zur Dankbarkeit ist.

Raum für Dankbarkeit schaffen

Oft lernen wir durch einen Verlust, wer und was uns wirklich etwas bedeutet. Wenn wir oder ein wichtiger Mensch in unserem Leben krank geworden ist, wird uns plötzlich klar, wie wertvoll Gesundheit ist. Wenn ein Freund oder Partner uns verlässt, erkennen wir, was er oder sie uns bedeutet hat. Oft fragen wir uns, warum wir erst etwas verlieren müssen, um aufzuwachen. Wenn du Raum für Dankbarkeit schaffst, siehst du alles anders. Du musst nicht erst krank werden, um für jeden Tag dankbar zu sein, an dem du gesund bist. Du musst keinen Verlust erleiden, um in deinem Leben das zu würdigen, was wirklich wichtig ist. Du erkennst nach und nach, wie reich du innerlich bist.

Sieh dich um auf unserer Welt …

Wenn du Lebensmittel im Vorratsschrank, Kleidung am Leib, ein Dach über dem Kopf und ein Bett zum Schlafen hast, dann bist du reicher als fünfundsiebzig Prozent der Menschen auf dieser Erde.

Wenn ich dies bei meinen Vorträgen und Seminaren zur Sprache bringe, erkenne ich häufig Betroffenheit in den Gesichtern der Anwesenden. Doch dann kommen die Gegenargumente – manchmal zum Schutz, manchmal aber auch berechtigt. In einem relativ reichen Land zu leben ist eine Sache des Glücks. Doch nicht allen hier geht es gut, das ist wahr. Wer seine Arbeit verloren hat, spürt gewöhnlich keine Dankbarkeit, sondern hat Angst, unter die Armutsgrenze zu rutschen. Er fragt sich, ob er morgen noch ein Dach über dem Kopf und genug zu essen haben wird. Doch wenn man sich sorgt, Angst hat, wütend ist, sich ungerecht behandelt fühlt, löst man keine Probleme. In den wirklichen Krisenzeiten benötigt man alle positiven Kräfte, um einen Wendepunkt im Leben herbeizuführen. Ich kenne solche Situationen, auch ich habe meinen Job verloren, nur Absagen erhalten und war verzweifelt. Wenn ich aber zurückblicke, war genau das der Wendepunkt in meinem Leben. Als ich innehielt und dankbar war für die Gelegenheit zur Veränderung, die sich daraus ergab, wandelte sich alles zum Guten.

Wendepunkte im Leben

Ich möchte dir noch ein Beispiel erzählen. Zu meinen Seminarteilnehmern gehörte eine Frau, die schwer krank geworden war. Ich besuchte sie im Krankenhaus, und da brach es aus ihr heraus: »Mein Leben war zu Ende, als ich Zwillinge bekam. Warum bin ich nur so gestraft?«

Ich dachte unwillkürlich an die süßen Babys auf der Neugeborenenstation und fragte mich, warum sie so verbittert war. Auf meine Fragen hin stellte sich heraus, dass sie sich das Leben mit einem Kind ursprünglich ganz anders vorgestellt hatte: als pures Glück, Freude und Harmonie. Mit der Situation, plötzlich für zwei Säuglinge sorgen zu müssen, war sie überfordert. Dauernd schrie ein Kind, nie konnte sie es beiden recht machen.

Ich merkte sehr bald, dass sie keineswegs herzlos war. In ihr brannte das Gefühl, versagt zu haben. Sie richtete den Fokus nur darauf, woran sie im täglichen Leben scheiterte, und machte nicht ihre unrealistische Vorstellung, sondern die Zwillinge dafür verantwortlich.

Ich schlug ihr vor, sich all das anzusehen, wofür sie dankbar sein konnte.

Anfangs reagierte sie mit Sarkasmus. Sie wehrte sich dagegen, den Käfig ihrer Gedanken zu verlassen.

Als ich sie in der folgenden Woche wieder besuchte, war sie wie ausgewechselt. Auf einem Gang durch das Krankenhaus hatte sie den Aufzug genommen und war dort einer jungen Mutter begegnet. Ihr kleiner Sohn wirkte lethargisch, und sie erkundigte sich, was ihm fehle. So erfuhr sie, dass der Junge bereits dreimal operiert worden war und eine Chemotherapie hinter sich hatte. Nun wurde er zur Bestrahlung eingewiesen – nicht etwa deshalb, weil eine Chance auf Heilung bestand, sondern um seine Lebensqualität in den Wochen bis zu seinem Tod zu verbessern.

Als die Frau mit ihrem Sohn den Aufzug verließ und dem Wegweiser zur Kinderonkologie folgte, fiel es der Zwillingsmutter wie Schuppen von den Augen, und sie realisierte, wofür sie in ihrem Leben dankbar sein konnte: für zwei gesunde Kinder. In der Folge setzte eine große Heilung bei ihr und ihrer Familie ein. Die Atmosphäre, die von ihrer Enttäuschung vergiftet gewesen war, entspannte sich zusehends.

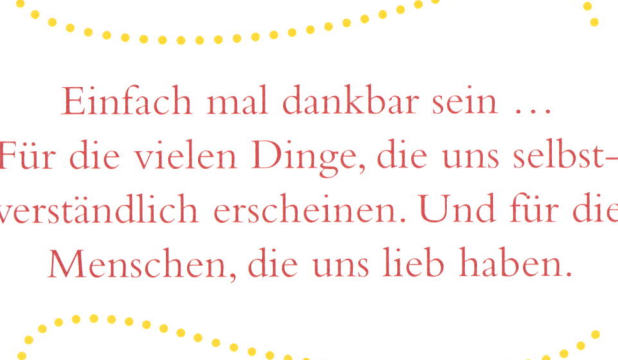

Einfach mal dankbar sein …
Für die vielen Dinge, die uns selbstverständlich erscheinen. Und für die
Menschen, die uns lieb haben.

Die Geschichte geht noch weiter. Denn zufällig kannte ich eine Mutter, deren Tochter auf der Krebsstation in diesem Krankenhaus lag. Eines Nachmittags sprach ich mit ihr und fragte sie, wofür sie in dieser Situation dankbar sei.

»Ich habe gelernt, nichts mehr für selbstverständlich zu nehmen«, sagte sie. »Vielleicht habe ich nur noch ein paar Wochen, in denen ich mein Kind lieb haben kann. Aber das ist ein großes Geschenk. Dafür bin ich dankbar. Andere Menschen können keine Kinder bekommen. Ich weiß jetzt auch, wer unsere Freunde sind, wer zu uns steht und nicht vor den Problemen davonläuft.« Sie hielt einen Moment lang inne, dann fuhr sie fort: »Ich bin dankbar für die Ärzte, die für meine Tochter kämpfen. Dankbar, dass wir ihnen nicht gleichgültig sind. Es ist eine sehr schwere Zeit, aber auch eine sehr wichtige. Du lernst die Liebe zu den Menschen auszudrücken, die dir etwas bedeuten, und das Leben mit ihnen zu feiern, bevor sie dir genommen werden. Das ist es, was zählt.«

Wofür warst du heute schon dankbar?

Wenn ich mein Leben betrachte, muss ich sagen, ich habe nicht alles, was ich will, aber ich habe alles, was ich brauche, um glücklich zu sein. Dafür bin ich dankbar – und ich arbeite weiter daran, was ich noch haben, noch verwirklichen will.

Dankbarkeit begleitet mich den Tag über, und auch wenn mal alles gewaltig schiefläuft, gibt es doch immer etwas, wofür ich dankbar sein kann. Oft sind es die ganz einfachen Dinge: einfach mal zu Hause sein und nichts tun müssen. Musik hören, mich auf der Couch ausstrecken. An Menschen denken, die mir im Leben etwas bedeuten. Meine Eltern anrufen. Gedanken fließen lassen. Vor die Tür gehen, durch die Stadt spazieren, ohne Ziel, einfach so … Und manchmal, wenn ich mich tief auf das Gefühl der Dankbarkeit einlasse, empfinde ich sie als überwältigend. Dann spüre ich den Puls des Lebens ringsum, der auch in mir schlägt.

Dankbarkeit verändert die Sicht, sie macht uns das Leben in all seinen Facetten bewusster. Ich merke, dass ich im Alltag gelassener werde, wenn ich mir ein paar Minuten nehme, um dankbar zu sein. Ich fühle mich zuversichtlich, und genauso blicke ich meiner Zukunft und ihren Herausforderungen entgegen.

Nicht jeder Tag ist gut, aber es gibt jeden Tag etwas Gutes.

Ich bin auch dankbar für Materielles, das ich habe. Doch manchmal wünsche ich mir, dass alle Menschen in ihrem Leben einmal viel Geld besitzen, damit sie sich alles leisten können, was ihr Herz begehrt. Denn dann würden sie feststellen, dass die wichtigsten Elemente im Leben nicht mit Geld zu bezahlen sind, zum Beispiel wahre Liebe, echte Freundschaft, Gesundheit …

Ich erzähle gern die folgende inspirierende Geschichte, die verdeutlicht und uns eindrucksvoll zeigt, was wirklich wichtig ist.

EINE FRAGE
DER PERSPEKTIVE

Eines Tages nahm ein Vater seinen Sohn mit aufs Land, um ihm zu zeigen, wie arme Leute leben. Es war ein ganzes Stück Weg, das sie zurücklegen mussten. Bald war die Straße nur noch ein holperiger Weg, und das Land wirkte verlassen. Sie kamen zu einer Hütte an einem See. Hier lebte eine Familie, die sehr arm war. Sie hatte sechs Kinder, die in Lumpen gehüllt waren, und das Essen reichte nicht für alle.

Vater und Sohn verbrachten die Nacht bei der Hütte, sie schliefen auf dem nackten Boden. Als sie am nächsten Tag in die Stadt zurückfuhren, fragte der Vater den Jungen:

»Wie war der Ausflug für dich?«

»Hm«, machte der Sohn; er wirkte nachdenklich.

»Hast du gesehen, wie arm Menschen sein können?«

»O ja, Vater, das habe ich gesehen.«

»Und was hast du daraus gelernt?«, fragte der Vater weiter.

Der Sohn antwortete: »Ich habe gesehen, dass wir einen Hund haben, und die Familie dort hatte vier. Wir haben einen Swimmingpool, der bis zur Mitte des Gartens reicht, und die haben einen See, der gar nicht mehr aufhört. Wir haben vergoldete Lampen in unserem Garten, und sie haben die Sterne. Unsere Terrasse reicht bis zum Vorgarten, und sie haben den ganzen Horizont.«

Der Vater war sprachlos. So hatte er es noch nie betrachtet.

Und der Sohn fügte hinzu: »Danke, Vater, dass du mir gezeigt hast, wie arm wir wirklich sind.«

Dankbarkeit – der Schlüssel zum Erfolg

Dankbarkeit schafft eine Atmosphäre der Wertschätzung. Wer sich selbst wertschätzt, wird auch von anderen respektiert. Und wer seinen Mitmenschen voller Achtung und Offenheit begegnet, macht positiv auf sich aufmerksam. Du siehst: Mithilfe der Dankbarkeit begibst du dich wie von selbst auf die Straße zum Erfolg. Dein Auftreten wird entspannter, du bist dir bewusster, was ringsum vor sich geht, und wo andere scheitern, siehst du Gelegenheiten und nimmst Herausforderungen an. Du gehst lösungs- statt problemorientiert vor, und dein Optimismus wirkt einfach ansteckend.

Wichtig ist, die Dankbarkeit wirklich zu fühlen. Ein schnell dahingesagtes »Danke« ist nicht genug. Nimm die Dankbarkeit in dein Herz hinein. Vielleicht hast du das Gefühl der Dankbarkeit bereits verinnerlicht. Es gibt aber auch viele Möglichkeiten, sie sich im Leben anzutrainieren.

Übung

- ✿ Fürs Erste erstelle eine Liste mit Menschen und Dingen, für die du dankbar sein kannst. Nimm dir ein wenig Zeit, um hinzuspüren. Ich bin sicher, in den nächsten Tagen fallen dir noch mehr Punkte ein.
- ✿ Als Nächstes frage dich: Gibt es Herausforderungen, Schwierigkeiten und Probleme in meinem Leben, für die ich dankbar bin – vielleicht auch im Nachhinein? Warum ist das so?

❧ Halte dir vor Augen, was für dich selbstverständlich ist, und lerne, es wieder zu würdigen und dafür dankbar zu sein.

❧ Wie ist es um deinen inneren Reichtum bestellt? Woran bist du reich? An Einfällen? Erinnerungen? Träumen? Was macht dich wirklich reich im Leben?

❧ Wofür kannst du noch dankbar sein?

Wenn das eine oder andere bei dir gerade nicht so gut läuft, dann nimm dir einen Augenblick lang Zeit, um dankbar zu sein für alle anderen Dinge im Leben, die gut funktionieren. Du wirst schnell feststellen, dass es bedeutend mehr sind, als du vermutest.

Dankbarkeitstagebuch

Ein Dankbarkeitstagebuch ist eine bewährte Methode, um sich Tag für Tag vor Augen zu führen, wofür wir in unserem Leben dankbar sein können.

Du brauchst dafür nur ein Tagebuch oder einen Block, einen Stift und etwas Zeit. Ich selbst habe festgestellt, dass es einen großen Unterschied macht, die Punkte auch wirklich aufzuschreiben, statt nur darüber nachzudenken. Wenn du sie täglich notierst, dann hast du am Ende des Jahres ein Buch voller Situationen und Dinge in Händen, für die du dankbar warst und die dich glücklich gemacht haben. Das schenkt dir ganz nebenbei auch eine große Portion Vertrauen in die Zukunft.

Nun lass uns das Tagebuch erweitern, um noch einen Schritt tiefer zu gehen.

Übung

Schritt 1

Nimm dir am Morgen einige Minuten Zeit und notiere, wofür du an diesem Tag dankbar bist.

Wenn wir achtsam und voller Dankbarkeit durch den Tag gehen, begegnen uns wie von selbst immer mehr positive Dinge. Wir meistern den Tag allein durch unsere dankbare Einstellung und aktivieren damit unsere wahren Ressourcen.

Schritt 2

Stelle dir gleich morgens den Timer auf drei verschiedene Uhrzeiten über den Tag verteilt. Wenn er ein Signal von sich gibt, halte inne und nimm den Augenblick wahr. Sieh dich um, beobachte – und spüre, wofür du in diesem Moment dankbar sein kannst.

Egal, ob du gerade mitten im Stress steckst oder eine Pause hast: Atme tief durch und freue dich, am Leben zu sein.

Schritt 3

Stell dich schon im Vorfeld einer Situation darauf ein, dass du dankbar sein wirst – egal, wie sich die Situation entwickelt.

Wenn die Situation positiv verläuft, dann verstärkst du mithilfe der Dankbarkeit deine Freude darüber, dass dir etwas gelungen ist. Wenn aber etwas nicht so läuft, wie du gehofft hast, hilft dir deine positive Einstellung, auch im Schlechten das Gute zu finden. Du mobilisierst deine innere Kraft, die einen Misserfolg in etwas Positives umwandeln kann. Im Nachhinein wirst du wissen, wozu es gut war – dankbar kannst du schon jetzt dafür sein.

Dankbarkeit ist das Gedächtnis des Herzens

Meine Oma war ein ganz besonderer Mensch. Als ich klein war, erzählte sie oft von »damals«. Damals, das war die Zeit, bevor ich geboren wurde … sogar die Zeit, bevor meine Eltern geboren wurden. Sie sprach von ihrem Leben in Sankt Petersburg, das zu ihrer Zeit noch Leningrad hieß. Vor meinen Augen entstand das Bild einer verzauberten Stadt mit Palästen, goldenen Zwiebeltürmen und schmalen Booten, die über das Wasser der Kanäle glitten.

Sie sprach auch von der Blockade Leningrads. Dann kuschelte ich mich enger an sie, denn ich spürte, wie traurig sie war.

Von September 1942 bis Ende Januar 1944 hatte die deutsche Wehrmacht die Stadt belagert und die Versorgungslinien abgeschnitten. Weit über eine Million Menschen verhungerten damals.

Meine Großmutter war noch ein junges Mädchen, ein Einzelkind. Sie absolvierte eine Ausbildung zur Krankenschwester und half beim Roten Kreuz. In der Stadt herrschte eine unvorstellbare Not. Die Luftangriffe hatten zahlreiche Gebäude und Vorräte vernichtet. Die Menschen waren den harten Wintern schutzlos ausgeliefert. Das Schlimmste war der Hunger. Oma bekam als Krankenschwester eine Scheibe Brot am Tag. Sie teilte sie mit ihren Eltern, damit diese überleben konnten. Doch das Elend war zu groß; in einem der strengen Winter starben ihre Eltern an Entkräftung und Hunger. Sie hüllte die leblosen Körper in Tücher ein und zog sie auf einem Schlitten zu einem der Massengräber. Die deutsche Belagerung hatte ihr alles genommen, was ihr im Leben etwas bedeutete.

Viele, viele Jahre später erlebte sie, wie ihre Tochter, ihr Schwiegersohn und wir, ihre Enkel, erneut vor dem Krieg fliehen mussten. Wie Deutschland unsere Rettung wurde, uns eine neue Heimat gab. Das Land, das ihr einst die Familie genommen hatte, sorgte nun dafür, dass ihre Kinder und Enkelkinder eine Zukunft hatten. Immer wieder sagte sie, wie dankbar sie sei. Denn sie besaß die Gabe, sich trotz aller Schmerzen der Vergangenheit darauf zu besinnen, was im Augenblick wirklich zählte. Und sie hatte eine große Freude am Leben, die sie immer bereitwillig mit anderen teilte.

Wie schwer das Leben auch ist, wie bedrückend eine Situation auch sein mag – es gibt immer etwas, wofür wir dankbar sein können. Und das ist es doch, was uns immer wieder Hoffnung schenkt und das Leben so lebenswert macht.

*Glück ist, am Ende
eines Tages sagen zu können:
Es war ein guter Tag.*

Mein Tipp

Viel zu oft nehmen wir die Menschen, die Teil unseres Lebens sind, als selbstverständlich hin. Dabei machen sie uns das allergrößte Geschenk, denn wenn ein Mensch seine kostbare Zeit mit uns teilt, dann schenkt er uns ein Stück seines Lebens, das er nie wieder zurückbekommen wird. Ist das etwa kein Grund, dankbar zu sein? Wie viele Gelegenheiten wollen wir noch verstreichen lassen, bis wir jemandem sagen, wie dankbar wir sind, dass es ihn in unserem Leben gibt?

Lass uns keine Zeit mehr vergeuden! Frage dich jetzt gleich:

- Wem bin ich dankbar und warum?
- In diesem Augenblick?
- In meinem Leben?

Schreibe dieser Person nun einen Brief. Nimm dir eine Viertelstunde Zeit, um all das auszudrücken, was du fühlst.

Du musst den Brief nicht abschicken oder übergeben. Doch vielleicht hast du den Mut, es zu tun. Vielleicht liest du ihn dem betreffenden Menschen sogar vor. Du wirst überrascht sein, was dann geschieht.

Auch im Schlechten das Gute finden

Manchen Menschen kann man tausend Gründe geben,
um glücklich zu sein,
und sie finden doch immer etwas,
um sich zu beschweren.
Und anderen kann man tausend Gründe
geben, um sich zu beschweren,
und sie finden dennoch immer einen Grund,
um glücklich zu sein.

Immer nur gewinnen?

Als ich ein Junge war, spielte ich oft mit meinem Großvater Schach. Anfangs fiel es mir ziemlich schwer, still zu sitzen und strategisch vorzugehen. Doch mein Opa bewies eine unglaubliche Geduld. Ich ahnte nicht, dass er seine Gründe hatte, mich im Haus zu beschäftigen. Draußen nahmen die Unruhen weiter zu, und er wollte, dass ich sicher war und nicht zwischen die Fronten geriet. Er brachte mir alle möglichen Tricks bei, bis der Funke übersprang und ich mit Begeisterung mitspielte. Oft war ich kurz davor zu verlieren, aber manchmal wendete sich das Blatt. Dann sah ich plötzlich eine Möglichkeit, meinen König aus einer verzwickten Lage zu befreien – und gewann. Dann wieder war ich im Vorteil, dachte schon, ich hätte den Sieg in der Tasche. Doch an irgendeinem Punkt passte ich nicht auf – und war mit drei Zügen schachmatt.

Ich erinnere mich, wie ich einmal so wütend auf mich selbst war, dass ich am liebsten die Figuren vom Brett gefegt hätte. Doch mein Großvater schlug mir kameradschaftlich auf die Schulter und sagte: »Kein Grund, dich zu ärgern! Mal gewinnst du, mal verlierst du. Mal machst du einen Fehler, mal der andere. Mal gerätst du in ein Patt, und du musst neu beginnen. So ist das Spiel. Und wenn du das weißt, dann kannst du es locker nehmen. Freu dich, wenn du gewinnst, und wenn du einen Fehler machst und verlierst, dann lerne daraus. Das ist wie im Leben. Nur die Narren ärgern sich und sehen nichts als das Schlechte. Du lernst aus deinen Erfahrungen. Und deshalb sind Fehler so wichtig.«

Lernen durch Erfahrungen

Die Lektion, die ich damals lernte, half mir später, alle Fehlschläge im Leben positiv anzugehen. Man hat im Leben nun mal nicht immer nur Glück. Es kommt darauf an, dass wir lernen, auch mit schwierigen Situationen umzugehen.

Jede Situation wird sich früher oder später ändern. Wenn man in einer richtig schlechten Phase steckt und alles schiefgeht, kann man sicher sein, dass sie nicht ewig anhält. Wenn man darüber hinaus lernt, im Schlechten auch das Gute zu finden, dann wird man wirklich stark. Man erarbeitet sich wahre Gelassenheit.

Vielleicht hast du auch schon mal zurückgeschaut auf dein Leben und im Nachhinein verstanden, wozu gewisse Erfahrungen und Situationen gut waren?

* Jedes Hindernis und jedes Schicksal bringen Erfahrungen mit sich, an denen wir wachsen können.
* Wir lernen, wie stark wir sind und was wir aushalten können. Das schenkt uns Vertrauen in uns selbst.
* Wir bekommen neue Perspektiven. Das weitet unseren Horizont.
* Not macht erfinderisch. Wir werden kreativ, kommen auf Lösungen, die wir vorher nicht sahen.
* Oft werden wir in schlechten Zeiten aufmerksam auf die guten Momente, die wir gehabt haben. Wir entwickeln eine große Dankbarkeit für all das Gute, das uns widerfährt.
* Unsere besonderen Seiten treten hervor. Perlen im Innern einer Auster zeigen ihre Schönheit, wenn diese aufbricht. Und so kann eine Notsituation auch unsere äußere Schale aufbrechen und uns über uns selbst hinauswachsen lassen.
* Wir entwickeln Mitgefühl für Menschen in ähnlichen Situationen und sind in der Lage, ihnen zuzuhören und sie zu unterstützen.
* Wir können anderen Kraft geben, sobald wir diese Phase durchlaufen haben.
* Wir sind ein Stück mehr »wir selbst«.

Wenn ich heute zurückblicke, weiß ich, dass ich einige der besten Erfahrungen meines Lebens deshalb machen konnte, weil ich die negativen Augenblicke annahm und mich fragte, welche positiven Aspekte darin verborgen sein könnten. Und das betrifft alle Lebensbereiche. Lass uns zuerst etwas ganz Alltägliches betrachten und danach zu den großen, existenziellen Themen übergehen!

Wenn du dich ärgerst, weil du zum Beispiel den Bus verpasst, ist das verständlich. Bist du aber darauf trainiert, auch im Schlechten das Gute zu sehen, dann akzeptierst du, dass du es nicht ändern kannst. Das ist immer der erste Schritt – die Situation annehmen: Dumm gelaufen, du kommst zu spät, und das kann Folgen haben. Statt nun alle möglichen negativen Folgen im Kopf durchzuspielen, stoppst du deine Gedanken und versuchst, der Situation etwas Gutes abzugewinnen. Du öffnest die Augen für deine Umgebung. Und plötzlich kann alles passieren: Du erlebst eine wertvolle Begegnung und merkst, du bist zur richtigen Zeit am richtigen Ort. Wer weiß, wofür und für wen das gut ist? Es sind schon die unglaublichsten Dinge geschehen, weil Menschen ihren Zug oder ihr Flugzeug verpasst haben. In manchen Fällen hat dies sogar ihr Leben gerettet. Vielleicht bist aber auch du es, der das Leben eines anderen verändert. Sieh dich um: Braucht jemand Hilfe? Unterstützung? Ein Lächeln?

Nicht immer geht es so dramatisch zu, wenn wir auf den nächsten Bus warten. Und dennoch kannst du die Minuten nutzen, dich positiv auszurichten. Genieße den Augenblick! Richte deine Gedanken positiv aus! Der Bus ist immer noch nicht da? Dann nimm dir die nächste Minute, um dankbar zu sein für all das, was gut läuft! Mit dieser Haltung kannst du nur gewinnen.

Ich habe die Erfahrung gemacht, dass man Lebenskrisen am besten bewältigt, wenn man die universellen Lebensgesetze immer wieder im Alltag anwendet. Das ist wie ein Muskel, den man trainiert: Mit vielen kleinen Einheiten entwickelt man Kraft und Ausdauer. So ist man später in der Lage, auch mal eine sehr schwere Last zu tragen und nicht darunter zusammenzubrechen.

Dazu möchte ich dir eine Geschichte erzählen von einer Situation, die viele von uns kennen: massive Verspätungen bei der Deutschen Bahn.

> *Bereue nicht, jemanden kennengelernt zu haben. Denn gute Menschen machen dich glücklich, schlechte Menschen geben dir Erfahrung, von unfreundlichen Menschen lernst du, und wundervolle Menschen schenken dir Erinnerungen.*

Genieße das Leben »in vollen Zügen«

Wenn man so wie ich häufig mit der Bahn zu wichtigen Terminen fährt, lernt man schnell, immer ein wenig Extrazeit einzuplanen. So auch an einem Tag im vergangenen Sommer, als ich unterwegs nach Kiel war, um meine nächste Tour als Glückscoach auf einem Kreuzfahrtschiff anzutreten. Ich freute mich sehr auf die Begegnungen während der Reise und lehnte mich ziemlich zufrieden auf meinem Sitz zurück. Irgendwo auf halber Strecke hielt der Zug. Zehn Minuten später kam eine Durchsage – es gab technische Störungen. Rings um mich herum im Großraumwagen war ein kollektives Seufzen zu hören. Als der Zug auch nach einer Stunde keine Anstalten zur Weiterfahrt machte, war der Unmut der Leute wie mit Händen zu greifen. Als sich nach einer Weile immer noch nichts tat, sah ich auf die Uhr. Oha! Wenn der Zug sich nicht bald in Bewegung setzte, würde ich das Schiff verpassen. Ich hatte zwei Möglichkeiten: Ich konnte mich ärgern, pausenlos auf die Uhr starren, in Hektik verfallen und mir selbst den Tag verderben. Oder ich konnte die Situation akzeptieren und interessante Gespräche mit meinen Mitreisenden führen. Was glaubst du, wofür ich mich entschieden habe?

Tatsächlich hatte ich an dem Tag ganz besondere Gespräche, die ich im Leben nicht missen möchte. Ich schaffte es noch gerade so zum Anleger, bevor das Schiff ablegte. Und wenn ich es verpasst hätte? Dann hätte ich aus der inneren Ruhe heraus eine bessere Möglichkeit gefunden, die Situation zu lösen, als wenn ich über Stunden hinweg hektisch und verzweifelt reagiert hätte, und das wegen einer Situation, auf die ich keinen Einfluss hatte.

Am Abend nahm ich mein Dankbarkeitstagebuch zur Hand und bedankte mich bei der Bahn für die Verspätung. Vielleicht nahm das Universum das Ganze ja eine Spur zu ernst. Als ich nämlich auf dem Rückweg müde und erschöpft im ICE nach Köln saß, passierte Folgendes:

Mitten in der schönsten Natur quietschten die Bremsen, und der Zug hielt an. Eine Oberleitung war gerissen, und es war fraglich, ob wir an dem Tag überhaupt weiterfahren konnten. Ich gestattete mir einen kleinen Seufzer: Wochenlang war ich auf Reisen gewesen und freute mich so sehr auf zu Hause. Aber es half ja nichts. Irgendwann fiel der Strom aus. Ich beschloss, live zu gehen, solange mein Handy noch Akku hatte. Nach und nach holte ich Mitreisende dazu und unterhielt den halben Zug. Wir hatten einen Riesenspaß. Und so vertrackt die Situation auch war, fühlten wir uns durch die Verbindung zu unseren Zuhörern nicht alleingelassen. Wir knüpften Verbindungen, die ansonsten nie entstanden wären. Später, als der Akku leer war, stieg ich aus. Draußen sah ich nichts als Wald. Wann war ich das letzte Mal im Wald gewesen? Hatte mir Zeit für einen Spaziergang genommen? Die Sonne ging bald unter, und zwischen den Bäumen schimmerte ein magisches Licht. Ich atmete tief durch und genoss die Natur. Mitten in der Nacht ging es weiter. Nun freute ich mich gleich doppelt auf zu Hause. Selten war ich nach einer Zugfahrt so tiefenentspannt gewesen.

Lebenskrisen bewältigen

Eine meiner intensivsten Kreuzfahrten führte mich nach Südafrika. Ich hielt wie auf jeder meiner Touren ein Seminar über das Glück und sprach darüber, was es bedeutet, auch im Schlechten das Gute zu finden. Mein Blick fiel auf eine Seminarteilnehmerin in der ersten Reihe. Sie hatte Mühe, sich aufrecht zu halten, dabei war sie noch recht jung. Sie trug ein Tuch um den Kopf, um den Haarverlust und die große Narbe am Kopf zu kaschieren. Drei Jahre zuvor war ein Gehirntumor bei ihr diagnostiziert worden. Zweieinhalb Jahre hatte sie gekämpft, war mehrmals operiert und dann bestrahlt worden. Aber sie wirkte geradezu glücklich. Einmal in ihrem Leben hatte sie das Kap der Guten Hoffnung sehen wollen, und schon bald sollte sich ihr Wunsch erfüllen.

Ich bin überzeugt, dass alle Lebensweisheiten sich erst dann wirklich bewähren, wenn sie auch in wirklich schweren Situationen anwendbar sind.

Es ist eine Sache, den Missgeschicken im Alltag etwas Positives abzugewinnen. Eine ganz andere Sache sind existenzielle Sorgen: eine schwere Krankheit, der Tod eines geliebten Menschen, eine Trennung, ein großer Streit oder Betrug, der Verlust unserer Lebensgrundlage. Diese Probleme können uns in unserer Existenz bedrohen. Und deshalb berührte es mich so sehr, als diese Frau sich zu Wort meldete. Ihre Stimme klang schwach, als sie zu sprechen begann, aber im Raum war es so still, als hätte jeder unbewusst den Atem angehalten.

»Natürlich wünsche ich mir, ich hätte keinen Krebs bekommen und könnte mit meinem Mann alt werden. Aber irgendwie hat jeder Moment eine ganz besondere Qualität, seit ich weiß, dass meine Zeit begrenzt ist. Wir wissen alle, dass wir irgendwann gehen müssen. Das habe ich vorher jedoch nie so empfunden.« Sie wandte sich zu ihrem Mann um und lächelte. »Ich sage meinem Mann jeden Tag, wie sehr ich ihn liebe. Das habe ich vorher nicht getan. Und wenn ich ehrlich bin, habe ich es manchmal gar nicht gespürt. Alles war so selbstverständlich. Es gab immer irgendwas zu tun, während das wirklich Wichtige dabei unterging.« Sie schwieg eine Weile, dann räusperte sie sich. »Ich weiß, dass ich bald sterben werde. Aber was habe ich für ein Glück, dass noch Zeit bleibt, um mich zu verabschieden. Ich konnte noch ein paar Fehler wiedergutmachen. Ein Missverständnis aus der Welt räumen. Man denkt immer, man hat ewig Zeit. Und dann vergeudet man so viele Möglichkeiten. Man regt sich über alles Mögliche auf und findet überall ein Haar in der Suppe.« Sie lachte auf und fuhr dann fort: »Und wenn sich heute Abend alle um die besten Plätze im Speisesaal streiten, stehe ich an der Reling und blicke auf die Küste Südafrikas. Ich erfülle mir einen Traum.«

Wir waren alle sehr bewegt von den Worten. Im Stillen fragte sich wohl jeder, wie viel Zeit ihm noch blieb, um das Leben zu genießen. Um aufzuwachen und zu realisieren, was wesentlich ist im Leben …

»Gehst du so weit und sagst, dass du in deiner Erkrankung auch etwas Gutes für dich entdeckt hast?«, fragte ich sie.

Sie senkte den Blick und sagte erst mal gar nichts. Für einen Moment hatte ich Sorge, ihr zu nahe getreten zu sein. Dann aber sprach sie in die Stille hinein: »Ich hatte drei ganz intensive Jahre und eine Handvoll wunderbarer Menschen an meiner Seite. Das ist mehr, als die meisten von uns haben.

Weil wir immer an gestern und morgen denken, statt das Leben intensiv wahrzunehmen. Und weil wir viel zu wenig das tun, was wirklich wichtig ist. Wir verbiegen uns dauernd, um anderen zu gefallen oder ja keinen Ärger zu kriegen. Dann sind wir doch gar nicht wir selbst. Damit habe ich ganz schnell aufgehört, als ich erfuhr, dass ich schwer krank bin. Ich bin seitdem viel mehr ich selbst. Ich habe also allen Grund, dem Krebs dankbar zu sein. Auch wenn das ziemlich seltsam klingt. Und ich tausendmal dankbarer wäre, wenn er wieder verschwände.«

Sie hatte alle Menschen im Raum zutiefst berührt. Und wie auf ein geheimes Signal hin trafen wir uns am Abend an der Reling, als Südafrika in Sicht kam.

Am Tag darauf verließ sie das Schiff und blieb in Kapstadt im Krankenhaus, wo sie eine Woche später friedlich starb.

Der Schlüssel zum Wandel liegt darin,
all seine Energie zu fokussieren:
nicht darauf, das Alte zu bekämpfen,
sondern darauf, Neues
zu erschaffen.

Sokrates

Existenzielle Krisen können uns aus der Bahn werfen. Nur selten sind wir von Anfang an so stark und weise, mit einer bedrohlichen Situation umzugehen. Doch wir wachsen hinein. In unserer Tiefe bergen wir so viel Kraft und so viele gute Eigenschaften. Krisen und Notsituationen können unser Bestes zum Vorschein bringen. Wir sind voller Durchhaltevermögen, Verständnis, Mitgefühl, Bescheidenheit und Weisheit. Ob all das in uns zutage träte, wenn wir nicht herausgefordert würden?

Urteilen und vergleichen

Wenn man lernt, im Schlechten das Gute zu finden, fragt man sich oft, ob es Gut und Schlecht überhaupt gibt – oder ob nicht alles eins ist und Teil unseres Weges, wir selbst zu werden.

Als Menschen sind wir Meister im vorschnellen Urteilen. Unser Verstand ist immer gleich bei der Sache, wenn es darum geht, eine Situation zu kommentieren, einen Menschen zu kritisieren und sowieso alles besser zu wissen. Dabei lassen wir allerdings meist eines außer Acht – dass uns der Blick auf das Gesamtbild fehlt. Würden wir das Gesamtbild kennen, wären wir in der Lage, das Leben gelassener zu betrachten.

Vielleicht ist dir die folgende Geschichte schon einmal begegnet …

DER PFERDEZÜCHTER

Es war einmal ein Mann, der Pferde züchtete. Er lebte in einem Dorf, und seine Nachbarn wurden nicht recht schlau aus ihm. Eines Tages kam sein Sohn mit einer Herde edler Wildpferde zurück aus den Bergen und trieb sie in das Gehege nahe dem Hof seines Vaters. »So wunderschöne Tiere«, sagten die Nachbarn nicht ohne Neid. »Da hast du aber Glück gehabt.«

»Mal sehen, mal sehen«, sagte der Mann nur.

Am nächsten Tag ritt der Sohn den Hengst zu. Der gebärdete sich so wild, dass er seinen Reiter abwarf, worauf dieser sich ein Bein brach.

»So ein Pech aber auch!«, sagten die Nachbarn.

»Mal sehen, mal sehen«, sagte der Pferdezüchter nur.

Einige Tage später kam ein General des Königs in die Gegend. Er zog alle jungen Männer des Dorfes zum Kriegsdienst ein – nur nicht den Sohn des Pferdezüchters, da dieser ja verletzt war.

»Da hast du aber Glück gehabt«, sagten die Nachbarn.

»Mal sehen, mal sehen«, sagte der Mann nur und wandte sich den Pferden zu.

Wir können diese Geschichte nach Belieben weiterspinnen. Vielleicht gewann der König den Krieg, und die Söhne des Dorfes kehrten mit reicher Beute heim. Vielleicht aber verloren sie ihr Leben. Wir wissen es nicht. Genauso wenig, wie wir wissen, wie sich unser Leben weiterentwickeln wird. Und deshalb ist es so wichtig, nicht vorschnell zu urteilen und eine Sache als negativ abzustempeln. Die Kunst besteht darin, im Fluss des Lebens zu bleiben. Eine Stromschnelle kann uns hinunterziehen, doch sie kann uns an ein fernes Ufer tragen, an dem sich unsere tiefsten Wünsche erfüllen.

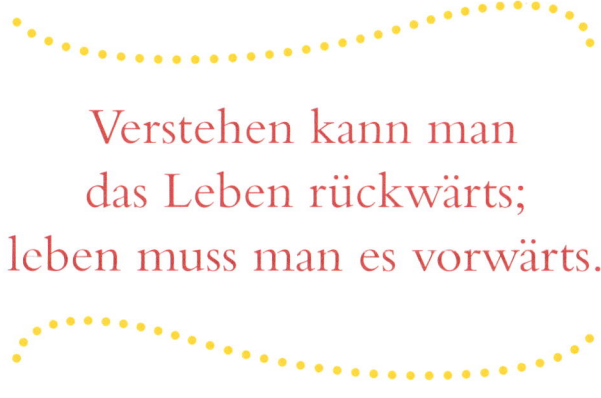

Verstehen kann man
das Leben rückwärts;
leben muss man es vorwärts.

Das Gesamtbild erkennen

Weil uns der Blick auf das Gesamtbild fehlt, urteilen wir meist vorschnell und schätzen eine Situation als schlecht ein, ohne alle Faktoren zu kennen. Damit verstärken wir das Negative noch: Wir machen uns Sorgen, sehen schwarz, sind angespannt. So geraten wir oft in eine Abwärtsspirale und rauben uns selbst alle positive Energie, die wir viel besser nutzen könnten, um schwierige Situationen zu meistern und in die Aufgabe hineinzuwachsen.

Übung

Teil 1: Bitte vergegenwärtige dir, welche Krisen und schwierigen Situationen du in deinem Leben schon bewältigt hast. Dann frage dich, was du an Gutem, Positivem daraus für dich ziehen konntest.

Ich empfehle dir, eine Liste anzulegen. Du musst nicht alles beantworten – wenn dir zu einem Ereignis oder einer Erfahrung nichts Positives einfällt, lass es so stehen. Die Antwort zeigt sich nicht immer unmittelbar, sondern oft erst nach Jahren.

Teil 2: Nimm das Wissen, dass auch im Schlechten etwas Gutes wohnt, tief in dich hinein. Wenn du das nächste Mal in eine schwierige Lage gerätst, rufe dieses Gefühl wieder in dir wach. Es ist dein Katalysator und hilft dir, die Situation zum Positiven zu wenden.

In dir steckt alles, was du benötigst, um dein Leben zu bewältigen. Hab Vertrauen!

Vertrauen entwickeln

Viele Probleme im Leben – auch viele niederdrückende Gefühle – sind mit mangelndem Vertrauen verknüpft. Vertrauen entwickelt sich aus Erfahrungen, die wir meistern. Das beginnt schon im Kindesalter und verstärkt sich mit jedem Erfolg, und zwar gerade dann, wenn dieser Erfolg nicht leicht zu erringen war. Denn wir ziehen unser inneres Wachstum

und auch unser Glück aus all den Situationen, die uns herausgefordert und die wir bewältigt haben.

Wenn du jetzt wüsstest …
- dass du dem richtigen Partner begegnen wirst,
- dass du nicht allein bleiben wirst,
- dass du einen Platz im Berufsleben finden wirst, der
  dir ganz entspricht,
- dass du viele glückliche Momente im Leben haben
  wirst, für die es sich schon jetzt lohnt, dankbar zu
  sein,
- dass all das Gute, das du gibst, zu dir zurückkehrt,
  eines Tages und vielleicht aus einer unverhofften
  Richtung,
- dass du im Leben nur so viel zu tragen hast, wie du
  auch tragen kannst …

… wie würde sich dein Leben gestalten? Könntest du nicht
viel gelassener und auch zufriedener durch die Welt gehen?

Wenn wir in der Lage sind, auch im Schlechten das Gute zu
finden, haben wir gelernt, auf das Leben zu vertrauen. Dann
wachsen wir mit den Anforderungen, und das macht glücklich: Wir setzen einen Teil unserer Persönlichkeit frei, der vorher nicht benötigt wurde. Und wir reduzieren unsere Angst
vor der Zukunft. Denn wenn wir das eine geschafft haben,
warum sollen wir dann nicht auch die nächste Aufgabe bewältigen?

Wenn du immer noch schwarzsiehst …

Wenn du kürzlich einen Verlust erlitten hast oder in einer schweren Lebenskrise steckst, wird es dir schwerfallen, positiv zu denken und dankbar zu sein. Es gibt Situationen, die so schmerzhaft sind, so ungerecht, dass wir keinen Sinn mehr im Leben sehen.

Ich muss in diesem Zusammenhang häufig an einen Mann denken, der eines meiner Kreuzfahrtseminare besuchte. Als ich das Thema vorbrachte, auch im Schlechten etwas Gutes zu finden, bat er um ein Einzelgespräch. Wir setzten uns aufs Deck. Das Wasser schimmerte golden im Licht der untergehenden Sonne. Sansibar lag in Sichtweite, ein kleines Paradies mit Stränden, so weit das Auge reichte. Es schien mir schwer, bei diesem Anblick nicht einen Funken Glück zu empfinden. In diesem Augenblick wurde mir klar, dass ich wohl nie hierhergekommen wäre, wenn ich damals nicht aus Aserbaidschan hätte fliehen müssen. Es war ein Gefühl, als würde sich ein Kreis schließen. Aus Leid war etwas Gutes und Schönes erwachsen, wie ein Lotos, der sich aus dem Schlamm reckt und seine Blüten öffnet.

Dann besann ich mich auf den Mann, der neben mir saß. Er mochte Ende sechzig sein, doch er wirkte in sich zusammengefallen. In der folgenden Stunde erzählte er von seiner zweiten Frau, mit der er so glücklich gewesen war. Wie sie gespart und sich aufs Alter gefreut hatten. Sie hatten immer gemeinsam nach Afrika fahren wollen, einmal nach Madagaskar, einmal die Gewürze Sansibars riechen und im Indischen Ozean baden. Ein betrunkener Autofahrer hatte sie erfasst, als sie über eine grüne Ampel gegangen war, keine fünfzig Meter vom gemeinsamen Haus entfernt. Sie war noch am Unfallort gestorben.

Wir sprachen lange über Gerechtigkeit und Ungerechtigkeit und schließlich über den Tod, der zum Leben gehört. Er fing leise an zu weinen. »Kommen Sie mir nicht damit, dass ich einen Neuanfang machen soll!«, sagte er. »Ich will keine andere Frau kennenlernen. Ich liebe sie doch noch immer.«

Ich gab ihm Raum für seinen Kummer, hörte ihm zu. Nach einer Weile fragte ich ihn, welche Wünsche und Träume seine Frau noch gehabt habe.

»Wir hatten ja keine Kinder«, erzählte er. »Sie wollte immer ein Patenkind aus Afrika. Nicht bloß spenden, sondern ein Kind, um das wir uns hätten kümmern können.«

»Wie wäre es denn, ihr diesen Wunsch noch zu erfüllen?«, fragte ich ihn.

Mit einem Mal wirkte er nachdenklich, denn auf den Gedanken war er noch nicht gekommen. Schweigend sahen wir aufs Meer hinaus, und schließlich verabschiedete er sich von mir.

Wir liefen uns noch mehrfach über den Weg, und er wirkte kraftvoller auf mich, irgendwie hoffnungsvoller. Drei Monate nach der Kreuzfahrt erhielt ich eine Mail aus Tansania; ein Foto war angehängt. Es zeigte den Mann im Kreis von drei Kindern. Eines saß auf seinem Schoß und lachte in die Kamera, die anderen beiden schmiegten sich an ihn.

Er schrieb: »Bin dabei, den Traum meiner Frau zu erfüllen. Habe noch mal nachgedacht. Ich sehe immer noch nichts Gutes darin, dass meine Frau gestorben ist. Aber für die beiden Jungen und das Mädchen hier ist definitiv etwas Gutes aus all dem geworden. Sie dürfen jetzt zur Schule gehen, statt auf dem Feld zu arbeiten. Vielleicht zählt das ja auch dazu … dass aus etwas Negativem etwas Positives entsteht.«

Ich war stolz auf ihn, dass er den Weg aus der zehrenden Trauer in die Aktion gefunden hatte. Wenn wir in Not sind und Hilfe brauchen, so eine alte Weisheit, sollten wir etwas geben. Das Gute findet immer einen Weg zu uns zurück, oft auf verschlungenen Wegen, manchmal auch erst nach einer ganzen Weile. Auch so kann aus dem Schlechten etwas Gutes werden. Wichtig ist, niemals aufzugeben.

Mein Tipp

Ein Sprichwort sagt: »Not macht erfinderisch.« Deshalb:
- Wenn dir das nächste Hindernis begegnet, mach etwas daraus!
- Geh in dich, sei erfinderisch!
- Nutze den Augenblick!

Und wenn du wirklich nicht mehr weiterweißt, tue etwas Gutes. Ein Lächeln kostet dich nichts, kann einem anderen aber Hoffnung spenden. Oder biete einem Menschen Hilfe an – das Leben ist voller Gelegenheiten, Gutes zu tun. Mache einen Menschen glücklich – und erlaube dir, dieses Glück auf dich überspringen zu lassen.

» Es gibt
viele Wege zum Glück.
Einer der besten ist,
dankbar für all die Geschenke
des Lebens zu sein! «

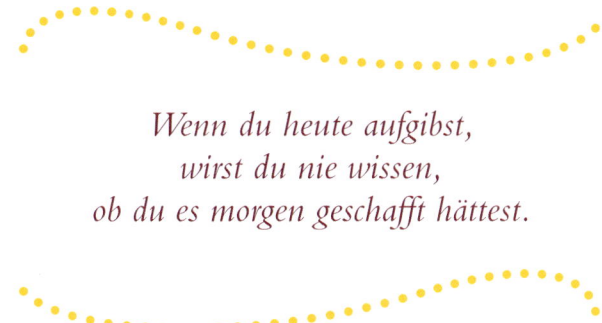

*Wenn du heute aufgibst,
wirst du nie wissen,
ob du es morgen geschafft hättest.*

Sei erfinderisch

In meiner Arbeit als Coach begegne ich häufig großartigen Menschen mit ungewöhnlichen Lebensgeschichten. Dabei stelle ich eines fest: Die meisten, die erfolgreich sind und sich ihre Werte und ihr Mitgefühl bewahrt haben, hatten kein leichtes Leben. Sie mussten sich nach oben kämpfen, zahlreiche Enttäuschungen hinnehmen, herbe Fehlschläge einstecken und Verluste verkraften. Warum sie dennoch Erfolg hatten, lässt sich auf eine Formel bringen: Sie gaben niemals auf.

Der Erfinder Thomas Edison brauchte über tausend Versuche, um eine Glühbirne zu konstruieren, die länger als vierzig Stunden leuchtete. Auf die Frage, wie er mit all den Fehlschlägen zurechtgekommen sei, meinte er: »Wieso Fehlschläge? Ich habe über tausend Arten entdeckt, wie eine Glühbirne nicht funktioniert.«

Ein anderes Beispiel ist die Geschichte von Steve Jobs. Zu den Zeiten seiner größten Erfolge galt Jobs als Genie und Visionär. Immer wieder gelang es ihm, den Markt mit Neuerungen in Technik und Design zu überraschen. Doch Jobs'

Karriere verlief keineswegs geradlinig. Viele seiner frühen Apple-Produkte waren ihrer Zeit voraus, galten als unzuverlässig und überteuert, und er musste die Firma verlassen, die er mitgegründet hatte. Nachdem er mit einer eigenen Computerfirma gefloppt war, kehrte er zu Apple zurück und landete seine größten Erfolge. Ich selbst habe Steve Jobs' Karriere wie auch seine Innovationen immer mit dem größten Interesse verfolgt, zumal ich selbst aus der IT-Branche komme. Seine Lebensregeln sind Teil dessen, was ich meinen Seminarteilnehmern immer wieder empfehle:

🍀 Folge deinem Herzen und vertraue darauf, dass es die Richtung kennt, in die du gehen solltest!

🍀 Lass nichts und niemanden deine innere Stimme übertönen!

🍀 Du hast nichts zu verlieren. Entweder ist es eine Lektion oder ein Erfolg.

🍀 Das Schlimmste, was passieren könnte, mag sich als das Beste herausstellen, was je passieren konnte.

🍀 Gib dich niemals mit Halbheiten zufrieden! Sei erfinderisch und bleibe lebendig!

Folge deinem Traum

Mit niemals aufgeben meine ich nicht, an Menschen, Situationen oder Dingen festzuhalten, die dir nicht guttun. Wenn ein anderer dich immer wieder herabsetzt, dich belügt und betrügt, wird es höchste Zeit, loszulassen und dich auf deinen eigenen Wert zu besinnen. Denn wenn du dich im Leben selbst verlässt, tust du dir damit am meisten weh. Das gilt auch, wenn du zulässt, dass andere dich manipulieren und du dich von dir selbst entfernst.

Das Nicht-Aufgeben, von dem ich spreche, bezieht sich auf alles, wofür es sich zu kämpfen lohnt: für deinen Traum, deine Ideen, deine Ideale, deine Familie, dich selbst, manchmal sogar für dein Leben.

Erinnerst du dich noch, was du früher einmal werden wolltest? Was du immer schon mal lernen wolltest? Welche Idee lässt dich nicht los? Welches Projekt bedeutet dir so viel, dass du bereit bist, dich mit aller Kraft dafür einzusetzen, selbst wenn du immer wieder von vorn anfangen musst? Wofür brennst du?

Am Anfang steht eine Idee, die uns nicht loslässt und die wir verwirklichen wollen. Sie kann sich auf uns selbst beziehen, auf eine Gruppe oder die ganze Gesellschaft. Unsere Vision kann privater oder beruflicher Natur sein. Vielleicht wollen wir einen Marathon laufen, ein Café eröffnen oder ein Buch schreiben; wir wollen etwas Bleibendes für unsere Kinder schaffen, die Welt retten oder anderen Menschen dabei helfen, ihren Weg zum Glück zu finden.

Was auch immer wir uns vornehmen: Im Anfangsstadium sind wir überzeugt von unserer Vision und hoch motiviert. Uns ist bewusst, dass wir einiges investieren müssen, um unser Ziel zu erreichen, zum Beispiel Zeit, Energie oder Geld. Und genau das tun wir auch. Doch nach einer Weile merken wir, dass wir nicht so vorankommen, wie wir uns das vorgestellt haben. Ständig werden uns irgendwelche Steine in den Weg gelegt, und nicht selten sind wir selbst diejenigen, die uns sabotieren: dann, wenn wir nicht wirklich an uns glauben und uns keinen Erfolg zugestehen. Wenn unser Selbstbewusstsein krankt und unser innerer Kritiker ganze Arbeit leistet, um uns herabzusetzen. Mit einem Mal wissen wir nicht mehr weiter. Wir stellen unsere Idee infrage und überlegen, ob wir uns nicht besser etwas anderem zuwenden sollten.

Vermutlich kennst auch du solche Situationen und hast schon einmal das Gefühl gehabt, nicht weiterzuwissen. Du hast mit dem Gedanken gespielt, ganz aufzuhören, und eine große Resignation verspürt.

Genau an dieser Stelle müssen wir einhaken. Wenn wir uns verrannt haben, gilt es, eine Bestandsaufnahme zu machen, die Probleme zu identifizieren und in der Folge entweder unsere Strategie oder unser Ziel zu justieren. Darüber mehr auf Seite 135f.

ICH KANN, WEIL ICH WILL

Ein sehr bewegendes Beispiel für Menschen, die niemals aufgeben, ist der Leichtathlet Derek Redmond.

Zehntausende Menschen fieberten bei den Olympischen Spielen von 1992 dem Halbfinale im 400-Meter-Lauf der Männer entgegen. Mit am Start war der britische Rekordhalter Derek Redmond, der in den Jahren zuvor vom Pech verfolgt gewesen war. Zahlreiche Operationen hatte er überstehen müssen, um an diesem Tag dabei zu sein. Und es sah gut aus für ihn: Im Vorlauf war er Bestzeit gelaufen, das Viertelfinale hatte er gewonnen.

» Die Tatsache, dass ich schon bald tot sein werde, ist die größte Hilfe, die ich jemals hatte, um wichtige Entscheidungen zu treffen. Denn beinahe alles – alle Erwartungen von anderen, aller Stolz, alle Angst vor Häme oder Versagen – ist nicht wichtig, wenn du den Tod vor Augen hast. Damit bleibt nur zurück, was tatsächlich von Gewicht ist. Wenn man sich daran erinnert, dass man sterben wird, ist das für mich die beste Art zu vermeiden, dass man meint, man hätte etwas zu verlieren. Du bist ja bereits entblößt. Es gibt keinen Grund, nicht deinem Herzen zu folgen. «

Steve Jobs

Dereks Start war vielversprechend. Bei der 100-Meter-Marke lag er auf Platz zwei – und er kämpfte weiter. Doch dann schoss ihm ein Schmerz in den Oberschenkel, und er sank verletzt zu Boden. Was muss in diesem Moment in ihm vorgegangen sein, als alle anderen an ihm vorbeizogen?

Mit aller Kraft kämpfte er sich hoch und humpelte mit schmerzverzerrtem Gesicht weiter, nicht gewillt, endgültig aufzugeben. Da lief ein Mann auf die Bahn und stützte ihn, es war sein Vater.

»Du musst das nicht tun«, sagte er zu seinem Sohn.

»Doch, ich muss«, entgegnete Derek.

»Gut, dann schaffen wir es gemeinsam«, meinte sein Vater.

Gestützt auf den Arm seines Vaters, gelangte er bis kurz vor die Ziellinie. Dort ließ sein Vater ihn los, damit Derek den Lauf durchs Ziel beenden konnte.

65.000 Menschen erhoben sich von den Rängen und applaudierten den beiden. Das Ereignis ging in die Geschichte der Olympischen Spiele ein. Später machte das IOC den Lauf zum Teil seiner »Celebrate Humanity«-Kampagne, und Derek Redmond und sein Vater wurden zum Sinnbild des wahren olympischen Geistes.

• • • • • • • • • • • • • • • • • • • ●●● • • • • • • • • • • • • • • • •

Wenn wir hinfallen und wieder aufstehen, sind wir vielleicht langsamer als all jene, die nicht gestolpert sind. Aber wir können trotzdem gewinnen – so wie Derek Redmond zwar keine Medaille bekam, dafür aber einen bleibenden Platz im Herzen der Menschen.

In der Sackgasse

Manche Probleme können wir durch Nachdenken angehen:
Wir betrachten die Situation aus einer übergeordneten Perspektive und suchen neue Ansätze zur Lösung. Andere Schwierigkeiten erfordern Geduld: Wir können sie gegenwärtig nicht bezwingen, aber vielleicht morgen, in einem Monat oder einem Jahr. Wieder andere Probleme bringen es mit sich, dass wir in die Aktion gehen: Wir müssen uns selbst stärker einbringen.

Wenn sich die Hindernisse weiterhin vor uns auftürmen und wir weder einen Weg an ihnen vorbei noch durch sie hindurch finden, stecken wir in einer Sackgasse fest. Wir haben alles versucht, doch wir sind gescheitert. Und das vielleicht nicht nur einmal, sondern zwei-, drei-, hundertmal. Jetzt sind wir an dem Punkt angelangt, an dem wir endgültig ans Aufgeben denken.

Aber halt!

Erinnern wir uns an Thomas Edison und seine tausend Versuche: Wenn eine Sache es wirklich wert ist, lohnt es sich, dennoch dranzubleiben. Ob es sich so verhält, kannst du nur in deinem Herzen spüren. Es kennt immer den Weg. Doch es gibt ein Hindernis auf dem Weg zum Erfolg, das wir genauer betrachten müssen: die Versagensangst.

Die Kunst des Scheiterns

Jedes Wagnis, das wir eingehen, ist mit Angst verknüpft: zu scheitern, sich zu blamieren und schlecht dazustehen. Versagensängste hängen eng zusammen mit der Entwicklung unserer Leistungsgesellschaft. Im heutigen Leben werden wir an unseren Erfolgen gemessen und glauben, uns keine Fehlschläge erlauben zu können, ganz nach dem Motto: »Fehler machen nur die anderen.«

Fehler zu vermeiden hat durchaus sein Gutes: Durch Nachdenken und präzise Planung kann man sich unnötige Umwege sparen. Wenn wir allerdings Angst haben, Fehler zu machen, hören wir auf, etwas zu riskieren: Menschen anzusprechen, die wir faszinierend finden, Projekte zu wagen, etwas Neues zu lernen und unsere Träume zu verwirklichen.

Lass uns überlegen:

❀ Was würdest du alles wagen, wenn niemand dich für deine ersten, unbeholfenen Versuche auslachen würde? Wenn du sicher sein könntest, zum Ziel zu gelangen, auch wenn du mal feststeckst?

❀ Und umgekehrt: Wenn deine Angst zu versagen dich wirklich davon abgehalten hätte, etwas Neues anzufangen … was müsstest du aus deinem Leben ausklammern? Was alles hättest du nicht erreicht?

Scheitern ist kein Grund, den eigenen Selbstwert anzuzweifeln. Wer es schafft, aufkommende negative Gedanken angesichts eines Misserfolgs zu stoppen und loszulassen, kann an seinen Fehlern wachsen.

Menschen, die Fehlschläge erleben und trotzdem nicht aufgeben, kennen diese Gefühle des Selbstzweifels und der Scham. Doch sie räumen ihrem Vorhaben Priorität ein. Sie lassen sich nicht unterkriegen, denn sie glauben an ihre Sache. Und sie machen die Erfahrung, dass es wert ist, sich dafür einzusetzen. Eines Tages werden sie sagen können: Es war nicht immer einfach, aber ich habe es geschafft.

Niemals aufgeben ist eine wichtige Glückszutat. Denn es sind unsere Herzensprojekte, die uns glücklich machen und uns das Gefühl eines wirklich erfüllten Lebens vermitteln. Nicht alle sind leicht zu verwirklichen, und wir verrennen uns dabei. Wenn du aber erst einmal den Dreh heraushast, wie du in einer Sackgasse wendest, wirst du den Weg zum Ziel nicht aus den Augen verlieren.

Genauso geht es mir selbst in dem Augenblick, in dem ich diese Zeilen schreibe. Und deshalb möchte ich dir erzählen, wie es zu diesem Buch kam.

Wie stark du wirklich bist, erfährst du dann, wenn Starksein die einzige Option ist, die du hast.

Mein eigenes Buch

Es war immer schon mein Herzenswunsch, ein Buch zu schreiben. Meine Deutschlehrerin hätte wahrscheinlich laut gelacht, hätte sie jemals davon erfahren. Anfangs war es mir sehr schwergefallen, mich in der fremden Sprache auszudrücken. Ich verband noch keine Bilder mit all den Wörtern. Doch nach und nach wurde ich sicherer und lernte, auch meine Gefühle und innersten Gedanken auf Deutsch mitzuteilen.

Bücher hatten für uns zu Hause immer eine besondere Bedeutung gehabt. Sie bergen Geschichten und Weisheiten, sie öffnen Fenster in andere Schicksale und Lebenswege. Und sie geben wichtige Ratschläge. Für meine Eltern musste es schwer gewesen sein, ihre vielgeliebte kleine Bibliothek in Aserbaidschan zurückzulassen.

Auch mein eigenes Leben wurde durch inspirierende Bücher maßgeblich beeinflusst. Sie waren wie Wegweiser, die mich näher zu mir selbst führten.

Nachdem ich meine Angst, frei zu sprechen, überwunden hatte, vertraute ich darauf, zündende Worte zu finden. Doch ich spürte immer mehr, dass das gesprochene Wort weniger Gewicht hat als das geschriebene.

Vieles von dem, was wir sagen, scheint zu verwehen: Einmal ausgesprochen, wird es zur Kenntnis genommen, nur um sich dann zu verflüchtigen. Anders verhält es sich mit dem, was wir schwarz auf weiß vor uns sehen. Wenn es uns berührt, dann prägt es sich ein. Vielleicht machen wir uns ein Lesezeichen und blättern später wieder zurück. Wie alles, das uns mehrmals begegnet, legt auch das geschriebene Wort eine Spur in unserem Gehirn an und kann somit Teil unserer Gedankenkette werden. Wir verinnerlichen es – im wahrsten Sinn des Wortes.

Genau da wollte ich ansetzen. Anfangs postete ich das, was mir wichtig schien, in sozialen Netzwerken. Schon bald hatte ich Tausende von Followern, und als schließlich jemand fragte, ob es denn auch ein Buch von mir gäbe, entzündete dies einen Funken in mir.

Tatsächlich hatte ich schon eine Vorstellung, wie ich ein solches Buch gestalten könnte: inspirierende Worte, die die Menschen berührten und ihnen einen Gedankenanstoß gaben. Kurz entschlossen schrieb ich ein Exposé und schickte es an alle Verlage, bei denen ich gern erschienen wäre. Nun begann das große Warten, und es war aufregend und schwierig zugleich. Wenn man seine innersten Gedanken und Herzenswünsche offenbart, macht man sich verletzlich. Man wagt etwas, trägt es hinaus in die Welt und hat keinen Funken Sicherheit, was als Nächstes damit passiert.

In den folgenden Monaten bekam ich eine Absage nach der anderen. Das war hart. Ich dehnte meine Suche aus, fuhr zur Buchmesse, zog weitere Verlage in Betracht – doch ich scheiterte.

Nach fünfzig Absagen begann ich an dem Projekt und an mir selbst zu zweifeln. Das war der Punkt, an dem ich eine Situationsanalyse machte. Ich hatte einen Traum, für den ich brannte. Das Konzept war gut und kam in den sozialen Netzwerken immer besser an. Doch nicht so bei den Verlagen. Ich steckte in einer Sackgasse, und mir wurde klar, dass es keinen Sinn hatte, weitere Verlage anzuschreiben. Ich musste meine

Vorgehensweise ändern. Also erkundigte ich mich, wie viel es mich kosten würde, das Buch selbst zu verlegen.

Als Nächstes machte ich mich auf die Suche nach Menschen, die mir halfen, meine Ideen in ein Layout umzusetzen. Plötzlich ging alles ganz einfach, und ich hatte großen Spaß an der Produktion. Die Ideen fielen mir nur so zu. Und so entstand mein erstes Buch: *Gedanken*. Von der ersten Auflage ließ ich nur eine kleine Anzahl drucken. Das Buch aber verkaufte sich gut, und ich musste mehrmals nachdrucken lassen. Plötzlich war es Aufsteiger des Tages und Bestseller bei Amazon. Buchhändler schrieben mich an und erkundigten sich nach dem Buch. Insgesamt verkaufte ich vierzigtausend Exemplare – ein Ergebnis, auf das ich wirklich hätte stolz sein können.

Das war ich auch – doch nicht ganz. In mir war immer noch der Wunsch, ein Buch bei einem großen Verlag herauszubringen, damit es über die Buchhandlungen mehr Menschen erreichen konnte.

Eines Tages fand ich eine Mail in meinem Postfach: Plötzlich interessierte sich Random House für mich. Ich konnte mein Glück kaum fassen!

Und so kam dieses Buch in deine Hände – als Beispiel dafür, dass man wirklich niemals aufgeben sollte. Als ich nicht weiterkam, justierte ich meine Vorgehensweise und meine Idee. Das brachte mir so viel Erfolg ein, dass mein ursprünglicher Traum wahr wurde. Und der hat viel weniger mit mir als mit dir zu tun. Ich möchte nämlich, dass auch du leichter, positiver und glücklicher lebst.

Wendepunkte bewusst einbauen

Anhand meiner Geschichte erkennst du, welche Strategie uns zum Glück verhelfen kann, wenn wir in einer Sackgasse gelandet sind und kurz vor dem Aufgeben stehen.

Ähnlich wie beim Check Erwartung – Realität (siehe Seite 152) beginnen wir mit einer Situationsanalyse, passen unsere Vision und Vorgehensweise an die Realität an und bauen dann ganz bewusst Wendepunkte ein.

Übung

Schritt 1
Zur Analyse deiner Situation frage dich bitte:
- 🍀 *Wo stehe ich?*
- 🍀 *Was will ich?*
- 🍀 *Was will ich nicht?*

Schritt 2
Um zu erkennen, warum du feststeckst und nicht weiterweißt, frage dich bitte:
- 🍀 *Bin ich noch auf dem richtigen Weg?*
- 🍀 *Welche Hindernisse gibt es?*
- 🍀 *Wo komme ich nicht weiter?*

Schritt 3
Um einen Wendepunkt einzubauen, nimm bewusst Abstand zu der Situation. Bitte frage dich:

❧ *Welche Wege habe ich noch nicht ausprobiert?*
❧ *Gibt es Vorbilder, die in ähnlichen Situationen Erfolg hatten?*
❧ *Wo muss ich mein Vorgehen oder mein Ziel der Realität anpassen?*

Schritt 4
Nun lege eine neue Strategie fest!

Wenn du einen neuen Weg einschlägst, empfehle ich dir, öfter innezuhalten und erneut zu überprüfen, wo du stehst. Sei ehrlich zu dir: Passt der neue Weg noch zu dir? Kommst du weiter? Oder musst du dein Vorgehen ein weiteres Mal anpassen?

Falls du wieder in eine Sackgasse gerätst: Mach weiter! Suche einen weiteren neuen Weg!

Folgende Tools helfen dir auf deinem Weg:
❧ Negative Gedanken loslassen: Halte dich nicht auf damit, auf einem Misserfolg herumzureiten! In der Zeit, die du dafür aufwendest, kannst du sinnvollere Dinge tun.
❧ Sieh deinen Misserfolg mit Humor! Das hilft dir, in Bewegung zu bleiben und lockerer an dein Ziel zu gelangen.
❧ Versuche, etwas Positives aus Misserfolgen zu ziehen!
❧ Konzentriere dich auf all das, was dir bereits gelungen ist!
❧ Du kannst versagen und musst dennoch kein Versager sein: Wir alle machen Fehler – entscheidend ist, daraus zu lernen.

Selbstsabotage

Wenn du immer wieder an einen Punkt gelangst, an dem du nicht weiterzukommen glaubst, ist es an der Zeit, dich zu fragen, ob du dich vielleicht selbst sabotierst. Tatsächlich können wir selbst unsere größten Gegner sein. Dann nämlich, wenn wir es uns nicht gönnen, glücklich zu sein, Erfolg zu haben und das Leben zu genießen.

Erinnerst du dich an die internalisierten Stimmen, über die wir auf Seite 74 gesprochen haben? Oft sind es unsere Glaubenssätze, die uns am Erreichen unseres Ziels hindern. Ist das auch bei dir der Fall, weißt du, wie du vorzugehen hast: Wahrnehmen – Stopp! – Umprogrammieren (siehe Seite 78).

In deinem Leben wird alles besser werden,
wenn deine Entschlossenheit voranzugehen,
größer ist als dein Widerstreben,
die Vergangenheit loszulassen.

Timber Hawkeye

Fremdsabotage

Ein anderer Faktor, der uns an den Punkt bringen kann, an dem wir aufgeben wollen, ist unser Umfeld. Das muss nicht mit Absicht geschehen. Wenn wir ein neues Ziel verfolgen, bedeutet das Veränderung: Egal, ob du mit dem Rauchen aufhören willst oder gern zeichnen möchtest – du wirst dich dabei verändern. Und das kann Ängste in dir und anderen schüren.

Wenn dein Entschluss stark genug ist, dass du die eigene Angst vor Veränderung hinter dir lässt, und sich dennoch Hindernisse auftürmen, dann betrachte die Menschen in deiner Umgebung genauer. Haben sie unterschwellig oder gar offen Angst davor, dass du dich veränderst und dich von ihnen abwendest? Dass sie dich verlieren könnten?

Es ist schwer, in einem Kreis von Rauchern zum Nichtraucher zu werden, weil die Rauchgewohnheiten so stark sind und das Gefühl aufkommt, du könntest als Nichtraucher nicht länger dazugehören. Ebenso ist es schwer, ein kreatives Talent auszuleben, wenn du unter Menschen bist, die eher pragmatisch sind und deine Liebe zur Kunst nicht verstehen. Auch sie haben Angst, in Zukunft weniger wichtig für dich zu sein. Das ist ganz natürlich, doch entscheidend ist, dass du dir erlaubst, du selbst zu sein.

In diesem Fall kann es helfen, Wendepunkte zu suchen, die andere mit einbeziehen. Bringe den Menschen, die dir etwas bedeuten, Wertschätzung entgegen, und binde sie ein in den Prozess der Veränderung. Doch im Zweifelsfall entscheide dich immer dafür, deinen eigenen Weg zu gehen, auch wenn das heißt, sich von einem vertrauten Umfeld zu lösen.

Denke daran: Das Leben kennt kein Ende, nur immer neue Anfänge.

Mein Tipp

Wenn du immer wieder scheiterst und schließlich aufgeben willst, dann denke darüber nach, warum du angefangen hast.

Ist es im Herzen noch immer dein Wunsch? Dein Traum? Dein Ziel? Deine Vision?

Dann nämlich lohnt es sich weiterzumachen – trotzdem!

🍀 Betrachte die Hindernisse und finde heraus, woher sie stammen! Kämpfe nicht gegen sie, sondern nimm sie als Wegweiser! Wie in einem Spiel lernst du durch Erfahrung, Nachdenken und Aktion, die Hindernisse zu überwinden. Und oft ist der Weg schon das Ziel.

🍀 Sage dir immer wieder: Ich bin nicht gescheitert. Ich war erfolgreich darin, tausend Wege zu finden, die nicht funktionieren.

Gib nicht auf und mach weiter! Denn alles, was du brauchst, kommt zur richtigen Zeit, am richtigen Ort und mit der richtigen Person.

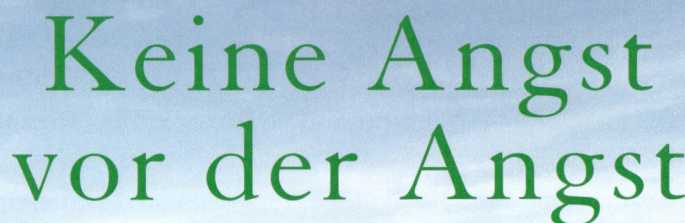

Keine Angst vor der Angst

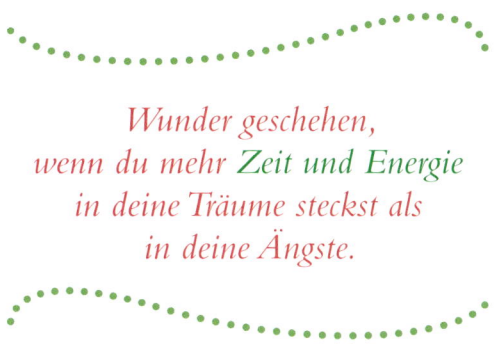

Wunder geschehen,
wenn du mehr Zeit und Energie
in deine Träume steckst als
in deine Ängste.

Der erste Schritt

Wenn ich als Kind allein im Dunkeln Angst hatte, pflegte meine Oma zu sagen: »Angst macht den Wolf größer, als er ist.« Damals wusste ich nicht, was sie mit diesem Spruch meinte. Viel wichtiger war mir, sie zu überreden, dass sie bei mir blieb und mir eine Geschichte erzählte. Doch dann änderte sich alles, und mit zwölf Jahren erfuhr ich, was wahre Angst ist: dieses Gefühl von Panik, das von einem Besitz ergreift, wenn es ums nackte Überleben geht.

Seit einigen Jahren nehmen Angststörungen alarmierend zu. Immer mehr Menschen werden von Angst beherrscht. Doch wer Angst hat, kann nicht glücklich sein. Der Körper leidet unter dem permanenten Stress, und alles, was das Leben lebenswert macht, wird von dem Gefühl der Panik blockiert.

Um ein erfülltes und glückliches Leben zu führen, müssen wir lernen, unsere Ängste loszulassen. Der erste Schritt ist, sie näher kennenzulernen. Denn Angst ist nicht gleich Angst.

Grundangst

Erinnerst du dich an das Denkmodell der App, über das ich im Kapitel »Gedanken« gesprochen habe?

Wenn wir Smartphones wären, so wäre die Angst als überlebenswichtiges Grundgefühl mit installiert. Ohne die Angst hätte die Menschheit wahrscheinlich gar nicht überlebt. Was wäre passiert, wenn ein Urmensch ohne jede Angst einem Raubtier gegenübergestanden hätte? Wenn er die Gefahr von Feuer, Naturkatastrophen und Feinden nicht erkannt hätte?

Angst vor Gefahr setzt seit Urzeiten wichtige Kampf- oder Fluchtreaktionen in unserem Körper in Gang. In ihrer reinen Form ist sie einer unserer wichtigsten Instinkte und Schutzmechanismen. Existenzangst ist die Angst vor dem Verlust des eigenen Lebens sowie des Lebens derjenigen, für die wir Verantwortung tragen. Hunger, Kriege, Naturkatastrophen, bedrohliche Krankheiten und Verluste lösen diese Angst in uns aus.

In der heutigen Zeit sehen wir uns nur selten solchen Gefahren ausgesetzt. Es wächst der Hunger nach Sensationen: Bungee-Jumping, Tauchen mit Haien und ähnliche Aktionen konfrontieren uns mit unserer Existenzangst. Doch auch andere, weniger spektakuläre Unterhaltungsformen zielen auf die Angst. Angefangen vom Krimi bis hin zum Gruselschocker spielen wir im Alltag mit unseren Ängsten und machen diese zu einem Teil unseres Lebensgefühls. Und das kann sehr viel Thrill mit sich bringen. Unser Körper unterscheidet nämlich nicht, ob wir einer echten Angst erregenden Situation ausgesetzt sind, ob wir einen Albtraum haben oder einen Horrorfilm ansehen. Er schüttet vermehrt Adrenalin aus, worauf das Herz schneller schlägt und Blut in die Adern pumpt. Wir sind bereit zur Aktion. Je nachdem, welches Reaktionsmuster wir gelernt haben, sind wir auf Kampf oder Flucht gepolt. Der Kämpfertyp agiert nach dem Motto »Angriff ist die beste Verteidigung«. Auch im täglichen Leben, in dem die Angst heruntergefahren ist, reagiert er eher aggressiv und stürmt gern voran. Der Fluchttyp reagiert auf Angst auslösende Situationen, indem er wegrennt und sich versteckt. Im Alltag vermeidet er Situationen, die Anspannung mit sich bringen, und kann sich schlecht verteidigen.

Zurück zur App: Während sich unsere Gedanken-App installiert, hat dies unmittelbare Auswirkungen auf die Gefühle, unter ihnen auch die Angst. Wenn unsere Bezugspersonen überwiegend ängstlich sind und entsprechend mit uns umgehen, prägt sich dies ein und wirkt sich auf sämtliche Gefühls- und Denkmuster aus. Dann werden wir im Leben zweimal überlegen, ob wir etwas riskieren sollen – egal, in welchem Bereich. Hinzu kommen Situationen in der frühen Kindheit, die Angst ausgelöst haben und verdrängt oder abgespalten wurden. Sie legen sich wie dunkle Wolken über die entsprechenden Lebensbereiche und besetzen sie mit einer unbestimmten Furcht. Auch frühe Traumata wirken sich prägend aus und blockieren uns in unserer Entwicklung. Und so kommt es, dass die Grundangst, die eigentlich den Zweck hat, unsere Existenz zu schützen, sich in unterschiedlichste Ängste und Phobien auffächert, die sich negativ auf unser gesamtes Wesen auswirken.

Angst setzt auch unser wichtigstes Tool im Leben außer Kraft: die Intuition. Wenn die Angst zu groß ist, übertönt sie unsere innere Stimme oder verzerrt sie. Das dürfen wir nicht zulassen.

Denke daran: Die Art, wie wir uns ängstigen, spiegelt unsere Wunden wider. Unsere angsterfüllten Gedanken sind der Wegweiser dorthin. Wenn wir ihnen folgen, somit die Gründe für unsere Ängste finden und sie konfrontieren, können die Wunden heilen. Die App wird umprogrammiert.

Ich erinnere mich noch gut an meine Gefühle während der Flucht. Selbst als wir schon drei Ländergrenzen passiert hatten, war ich noch immer voller Angst, dass die Horden, die in Baku so viel Leid und Schrecken verbreitet hatten, uns erwischen könnten. Meine Eltern zeigten viel Einfühlungsvermögen und halfen meiner Schwester und mir, wieder Vertrauen in das Leben zu finden. In Deutschland fühlte ich mich bald sicher. Doch noch immer herrschte Angst über mein Unterbewusstsein. Ich spürte es in meinen Träumen und daran, dass ich andere Ängste bekam, die ich früher nicht gehabt hatte. Plötzlich war ich schüchtern und musste für die einfachsten Aufgaben eine große Portion Mut aufbringen. Nachts im Schlafsaal hatte ich oft schreckliche Angst, wenn ich mal aufstehen musste, um zu den Waschräumen zu gehen. Allein die Geräusche um mich herum … Ich bildete mir ein, dass sich Feinde unter den Betten versteckten und mich an den Füßen festhalten würden. Deshalb sprang ich regelrecht von der Pritsche und rannte los, so schnell ich nur konnte. Meine Mutter beobachtete mich eines Nachts, und sie sagte zu mir denselben Spruch, den auch meine Oma immer gesagt hatte: dass Angst den Wolf viel größer macht, als er ist. Wir schauten gemeinsam unter die Betten – und da war keiner. Ich zwang mich in den folgenden Nächten, ganz normal zum Waschraum zu gehen, und bald vergaß ich, was ich mir eingebildet hatte. Doch damit hatte ich meine Angst längst nicht bezwungen. Ängste verlagern sich, und daher ist es so wichtig, sich ihnen zu stellen. Dazu gehört auch, die Gedanken kennenzulernen, die Angst erzeugen und verstärken. Dazu weiter unten mehr.

Das Geschäft mit der Angst

Kein Wunder, dass die Angst um sich greift: mit ihr werden täglich Geschäfte gemacht. Die Medien leben von Sensationen und damit von der Angst: vor Terror, Krieg, Entlassungen, Armut, Katastrophen und vielem mehr. Versicherungen appellieren an unsere Ängste: Der Gedanke an Krankheiten, Naturkatastrophen, Einbrüche, Unfälle weckt in uns das tiefe Bedürfnis, uns zu schützen. Auch viele Autoritätspersonen arbeiten gezielt mit der Angst, vom Lehrer über die Eltern bis hin zur Mitarbeiterführung. Die Folge sind Angst vor Prüfungen, Jobverlust, Versagen … Auch in Familien und Beziehungen hat die Angst ihren Platz: vor dem Alleinsein, dem Verlassenwerden, Betrug, Gewalt.

Kein Lebensbereich ist heutzutage nicht durch Angst vergiftet. Und je öfter wir Angst spüren, desto mehr setzt sie sich in uns fest.

Aus diesem Grund ist es ganz wichtig, die eigenen Ängste kennenzulernen und achtsam mit ihnen umzugehen. Wenn wir sie – wie zum Beispiel in der Ein-Minuten-Meditation (siehe Seite 56) – neutral betrachten, stellt sich bald heraus,

dass einige unserer Ängste sinnvoll sind, indem sie uns be-
schützen. Die meisten aber sind völlig sinnlos. Und hier
knüpfen wir wieder an unsere App an.

> ## Habe keine Angst zu scheitern,
> ## fürchte dich eher davor,
> ## es nicht versucht zu haben.

Irrationale Ängste

Stell dir vor, du stehst auf einem hohen Felsen. Einige Hundert Meter entfernt befindet sich ein weiterer Fels. Du würdest gern die Aussicht von dort genießen, aber zwischen den
Felsen führt nur ein schmaler, brüchiger Grat entlang. Das
Gefühl, das du verspürst, wenn du den Grat überqueren
möchtest, ist Höhenangst, und die ist sinnvoll. Sie will dich
davon abhalten, ungesichert über den Grat zu wandern und
dabei dein Leben aufs Spiel zu setzen. Sie schützt dich. Mit
einem Seil und einem guten Sicherungssystem aber kannst
du den Grat bezwingen und den anderen Felsen erreichen.

Nun stell dir vor, du stehst auf einer Aussichtsterrasse. Wenn
du Angst hast, an die Brüstung zu treten und den Blick
schweifen zu lassen, nenne ich das eine »sinnlose« oder irrati-
onale Angst. Es gibt keinen Grund, dich zu fürchten, dir kann
nichts passieren. Die Terrasse hat ein gutes Fundament, es
weht kein starker Wind, die Brüstung ist hoch genug – du
kannst nicht fallen. Und doch gibt es zahlreiche Menschen,

die panische Angst vor einer solchen Situation haben. Wichtig: »Sinnlos« bedeutet nicht, dass deine Angst weniger bedrohlich und weniger ernst zu nehmen ist. Der Auslöser »Höhe« sorgt dafür, dass Adrenalin ausgeschüttet wird und eine Angstreaktion einsetzt: Herzrasen, das intensive Gefühl, fliehen zu müssen oder gar wie gelähmt zu sein, vielleicht Schwindel, Schweißausbrüche, Enge in der Brust, eine schnellere Atemfrequenz … Ganz von selbst reagiert der Körper in diesem Fall mit einem Fluchtmechanismus. Wenn uns das einmal passiert, denken wir vielleicht, wir hatten einen schlechten Tag, oder wir machen uns Sorgen, körperlich angegriffen zu sein. Passiert es aber immer wieder, setzt ein Vermeidungsverhalten ein. Jegliche Höhen werden gemieden, dazu Fahrstühle, der Blick aus dem Fenster, Brücken … und das Leben wird zunehmend beengt.

Fast alle von uns haben solche sinnlosen Ängste, die uns die Lebensfreude stehlen. Wir fühlen uns nicht mehr frei und stehen unter einer starken unterschwelligen Anspannung. Um den Ängsten auf den Grund zu gehen, müssen wir wie Detektive vorgehen und uns fragen, woher sie stammen und welches Ereignis das Angstprogramm in uns installiert hat.

Viele Gründe finden wir, wie oben erwähnt, in der Kindheit. Als ich meine Angst vor dem freien Sprechen zurückverfolgte, kam ich zu meiner Schulangst, der Schüchternheit und schließlich zum Trauma der Flucht und des Krieges.

Nicht immer jedoch haben wir Zugang zu den Auslösern. Traumata können so stark verdrängt oder abgespalten werden, dass wir uns nicht daran erinnern. Dann brauchen wir die Hilfe eines Psychologen oder Arztes, um den Panzer der Erinnerung aufzubrechen und uns von der tief sitzenden

Angst zu befreien. Auch Depressionen können mit Angststörungen zusammenhängen. Dann ist es ebenso wichtig, sich ärztliche Hilfe zu holen.

Doch an einem großen Teil deiner sinnlosen Ängste kannst du arbeiten, indem du sie konfrontierst.

> *Angst, Depressionen und Burn-out sind keine Schwächen. Sie sind ein Zeichen dafür, dass man zu lange versucht hat, stark zu sein.*

Der Weg durch die Angst hindurch

Eigentlich habe ich allen Grund, meinen Ängsten dankbar zu sein. Als ich während eines Businesstreffens den sekundenschnellen Entschluss fasste, mich meiner Angst vor öffentlichen Reden zu stellen, brauchte ich meinen ganzen Mut und meine Entschlusskraft, um meinen Job zu machen. Aber dann, als ich es geschafft hatte, wurde so viel in mir frei. Ich spürte es sogar körperlich – als wäre ein eiserner Ring, der sich um meine Brust gelegt hatte, plötzlich gesprengt worden. Ich traf den nächsten Entschluss: nämlich meine Angst zu meiner größten Stärke zu machen. In der Folge beschäftigte ich mich mit Redetechniken, vom Small Talk bis hin zum Keynote-Speaker. Anfangs bereitete ich mich akribisch vor. Als ich mehr Sicherheit gewann, lernte ich, einfach draufloszureden. Das machte Spaß, und dabei wurde in mir viel Kraft freigesetzt. Wenn man frei spricht, vertraut man darauf, dass alles, was für die Aufgabe wichtig ist, in einem steckt. Und das war ein gewaltiger Schritt für mich. Ich lernte, auf mich zu vertrauen.

Heute weiß ich, dass wir uns unseren Ängsten stellen müssen, um ein erfülltes und glückliches Leben zu führen.

Der Weg zu wachsen führt sehr oft durch die Angst hindurch. Hast du diese Erfahrung auch schon gemacht?

Wann hast du dich überwinden müssen? Was genau hast du tun müssen, und wie ging es dir dabei? Welche Erfahrungen hast du gesammelt?

Auf der folgenden Seite mache ich dich mit der Technik vertraut, die ich in solchen Situationen anwende. Doch vorher lass uns noch eine andere Angst betrachten …

Angst vor dem Ungewissen

Oft gesellt sich zu unseren Ängsten noch untergründig die Furcht vor dem Unbekannten. Dann meiden wir Veränderungen, selbst wenn sie zum Guten sind. Jahrelang stecken wir in schmerzvollen Beziehungen oder ungeliebten Jobs fest. Wir leben in Wohnungen und Orten, in denen wir uns nicht wohlfühlen, pflegen ungesunde Gewohnheiten und treten auf der Stelle, nur um bloß nichts zu ändern.

Viele meiner Seminarteilnehmer erzählen mir, dass sie sich sehr wohl bewusst sind, dass sie etwas ändern müssten, aber nicht wissen, ob das, was danach kommt, nicht noch schlechter ist. Einerseits ist das richtig: Wir können die Zukunft nicht vorhersehen. Andererseits schmieden wir unsere Zukunft in der Gegenwart. Alles, was wir heute unternehmen, um uns besser zu fühlen, wirkt sich positiv auf unser zukünftiges Leben aus. Entscheidend ist, dass wir wirklich etwas tun. Sonst verschenken wir unser Leben.

Dazu fällt mir eine alte Geschichte ein, die meine Mutter aus ihrer Heimat mitbrachte …

DIE ANGST VOR DER SCHWARZEN TÜR

Es war einmal ein König, der vor einer schweren Entscheidung stand. Sein Schatzmeister, der ihm über Jahrzehnte hinweg treu gedient hatte, war des Hochverrats überführt worden, und darauf stand die Todesstrafe. Der König musste an all das Gute denken, das der Mann für das Reich getan hatte, bevor er abtrünnig geworden war.

Er wandte sich an seinen Schatzmeister und sagte: »Angesichts deiner früheren Treue gestatte ich dir, die Art deines Todes selbst zu wählen.«

Gemeinsam mit der Königin betrat er den Raum, in dem das Urteil vollstreckt werden sollte. Darin befanden sich eine Peitsche, ein Dolch, ein Säbel, ein Beil und auch eine schwarze Tür. Der Schatzmeister wählte den Tod durch den Dolch. Als der Scharfrichter das Urteil vollstreckt hatte, fragte die Königin, was sich hinter der schwarzen Tür verberge.

»Die Freiheit«, erwiderte der König traurig. »Er hätte die Freiheit wählen können. Doch die Menschen haben Angst vor dem Unbe-

kannten, deshalb sterben sie lieber, statt durch die schwarze Tür zu treten.«

Es braucht Mut, um der Angst zu begegnen — auch der Angst vor dem Ungewissen. Aber wo Mut ist, hat die Angst nichts verloren. Mut wiederum erwächst aus dem Vertrauen in die eigenen Fähigkeiten. Wenn wir lernen, den Augenblick zu genießen, verlieren wir die Angst vor der Veränderung. Und wenn wir all das würdigen, was wir schon geschafft haben, erlangen wir Selbstvertrauen und können uns unseren Ängsten stellen.

Sich der Angst stellen

Von Ralph Waldo Emerson stammt der Spruch: »Furcht besiegt mehr Menschen als irgendetwas anderes auf der Welt.« Und es ist wahr: Wenn wir Angst haben, Fehler zu machen, enttäuscht zu werden, wir selbst zu sein, zu lieben, dann berauben wir uns der schönsten Momente im Leben.

Mit der folgenden Technik lernst du, dich schrittweise mit deinen Ängsten auseinanderzusetzen. Es geht nicht darum, die Angst loszuwerden, sie ist ein Teil von dir. Vielmehr geht es darum, mit ihr besser zurechtzukommen und sinnlose Ängste immer weiter zu reduzieren.

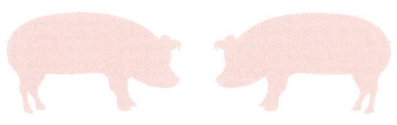

Übung

Schritt 1
Betrachte deine sinnlosen Ängste!
Nun erkenne, dass es deine Gedanken sind, die die Angst erzeugen!
Betrachte die Angst schürenden Gedanken, ohne dich mit ihnen zu identifizieren!

Wenn du die Ein-Minuten-Meditation fest in deinen Tagesablauf integriert hast, gelingt es dir, aufsteigende Ängste zu identifizieren. In dem Moment, in dem du Angst verspürst, hilft dir die Achtsamkeit, blitzschnell zu entscheiden, ob es eine sinnvolle oder aber sinnlose Angst ist. Dann wirst du Zeuge der Gedanken, die diese Angst befeuern und weiter schüren.

Schritt 2
Ersetze die Angst auslösenden Gedanken durch Optimismus!
Nimm dir nun die einzelnen Gedanken vor, die Angst in dir erzeugen, und programmiere sie positiv um!

Ein Beispiel: Angenommen, du befindest dich in einer Situation an deinem Arbeitsplatz, die sich gegen deine Überzeugungen wendet. In dir wächst der innere Wunsch, deine Meinung dazu zu sagen. In dem Augenblick, in dem du den Mund aufmachst, spürst du Panik in dir aufsteigen. Sie wird begleitet von Gedanken wie: Wenn ich jetzt sage, was ich denke, dann war's das. Ich werde meinen Job verlieren. Was tue ich ohne Arbeit? Wie soll ich die Raten für das Auto zahlen … Wovon soll ich leben … Das wird mein Ruin!

Stoppe sofort deine Gedanken, die dich weiter in diese Panik hineinziehen. Nun richte sie positiv aus, zum Beispiel: Meine Meinung zu diesem Thema ist wichtig für mich und für meine Arbeit. Ich finde eine Form, mich konstruktiv auszudrücken. Das tut mir und der Sache gut und bringt neue Lösungen. Auf diese Weise kannst du souverän darlegen, was dich stört, und deine Bedenken vorbringen. Mit großer Wahrscheinlichkeit wird dir dein Vorgesetzter mehr Achtung erweisen, als wenn du schweigst und den Kopf in den Sand steckst. Wenn sich deine Überzeugungen nicht länger mit deiner Arbeit vertragen, wirst du aus einer Position der Stärke heraus besser in der Lage sein, dich neu auszurichten.

Schritt 3
Lerne, dich deinen Ängsten zu stellen! Liste alle deine Ängste auf und ordne sie. Ganz oben steht deine größte Angst, ganz unten die allerkleinste.

Begib dich nun in eine Situation, um deine allerkleinste Angst zu konfrontieren. Definiere deine Komfortzone und verlasse sie bewusst, bis du spürst, dass leichtes Unbehagen in dir aufsteigt. Halte es aus! Es ist die geringste Dosis Angst, du kannst sie ertragen.

Sage dir: Ich weiß, dass ich Angst habe, weil ich mir immer gesagt habe, dass diese Situation gefährlich ist. Meine Ängste sind das Ergebnis meiner Gedanken und werden vorübergehen.

Ich kann die Angst ertragen, auch wenn das Gefühl anfangs unangenehm ist. Ich bleibe in dieser Situation, bis ich mich beruhigt habe.

Ein Beispiel: Zurück zu unserer Aussichtsterrasse. Angenommen, du hast Höhenangst. Da Seilbahnen in dir Panik auslösen, du andererseits viel Kraft aus der Natur ziehst, bist du vielleicht über mehrere Stunden auf einen Berg hinaufgewandert. Dort befindet sich ein Restaurant, in das du einkehrst. Du bemerkst, dass es eine Terrasse hat, von der die Aussicht einfach fantastisch sein muss. Als du auf die Terrasse trittst, überfällt dich Höhenangst. Statt den Blick über das Tal zu genießen, willst du so schnell wie möglich zurück ins Restaurant. Doch heute beschließt du, dich deiner Angst zu stellen. Du suchst dir einen Platz, an dem du dich gerade noch wohlfühlst. Dann wagst du einen Schritt aus deiner Komfortzone hinaus. Du spürst, wie dein Körper reagiert, und beobachtest dich, statt instinktiv mit Flucht zu reagieren. Du beobachtest auch die Gedanken, die in dir aufsteigen, und programmierst sie um. Statt: »Ich halte das nicht aus, ich muss sofort hier weg« sagst du dir: »Es sind meine Gedanken, die meine Angst verursachen und verstärken. Ich weiß, ich halte es aus, ich bin hier sicher. Ich beruhige mich mit jedem Atemzug ein bisschen mehr und weite meine Komfortzone aus.«

Nach einer Weile wirst du bemerken, wie die Angst nachlässt und immer weniger wichtig wird. Spüre genau hin und freue dich über das Stück Freiheit, das du dir zurückgeholt hast!

Verfahre so schrittweise auch mit deinen anderen sinnlosen Ängsten! Gehe dabei einfühlsam und achtsam mit dir selbst um: Mute dir nur so viel zu, wie du ertragen kannst! Mit kleinen Schritten kommst du auch ans Ziel.

Vergegenwärtige dir immer wieder, was du schon geschafft hast, und freue dich auf die vielen schönen Dinge, die du noch kennenlernen wirst.

Angst vor der Liebe

Von allen Ängsten, die wir haben, kann uns die Angst vor der Liebe am meisten einschränken.

Liebe macht uns verletzlich. Wir fühlen uns geschützt und schutzlos zugleich. Zur Liebe gehört, sich fallen zu lassen … wir machen uns verletzlich, und nicht immer tun wir das beim richtigen Menschen.

Wenn wir einen Menschen lieben und eine enge Verbindung eingehen, nehmen wir uns und unsere Probleme mit in die Beziehung hinein. Ebenso der andere. Daher ist es wichtig, von Anfang an achtsam mit uns und dem anderen umzugehen. Das fällt uns im täglichen Leben oft nicht leicht. Wir sind voller Erwartungen, die oft nichts mit unserem Gegenüber zu tun haben.

Viele Menschen meiden die Liebe, denn sie haben zu große Angst, enttäuscht zu werden. Je tiefer wir uns auf jemanden einlassen, desto schmerzhafter ist es, diesen Menschen zu verlieren. Der Verlust eines Partners aber konfrontiert uns mit unseren Urängsten. Er reißt alte Wunden auf, die entstanden sind, als wir verlassen, alleingelassen wurden.

Lass uns auch diese Angst realistisch betrachten! Als Babys und Kleinkinder sind wir abhängig von anderen. Wir sind ohne eine Bezugsperson nicht lebensfähig. Doch wenn wir erwachsen sind, ist dies nicht länger der Fall. Selbst wenn unsere Liebe scheitern sollte und unser Herz gebrochen wird, kommen wir darüber hinweg. Die Alternative – dich der Liebe zu verschließen – ist so, als würdest du nur im Schatten existieren, weil die Sonne dich verbrennen kann. Selbst wenn eine Liebe nur kurz währt, eröffnet sie einem vieles, wofür man dankbar sein kann. Wenn es dir gelingt, die Angst vor der Liebe schrittweise (wie oben beschrieben) loszulassen und du dich auf die Dankbarkeit fokussierst, öffnest du dein Herz und richtest dein Leben neu auf das Gute und Schöne aus. Dann heilen deine alten Wunden, und du kannst neue, positive Begegnungen in dein Leben ziehen, aus denen eine glückliche und bewusst geführte Beziehung erwächst.

Als meine Oma ein kleines Mädchen war, lebte sie nahe Leningrad in einem Dorf. Die Winter waren sehr hart, und im Dezember, zur Sonnenwende, war es nur wenige Stunden lang hell. Eines Tages spielte meine Oma gemeinsam mit den anderen Kindern im Schnee. Einer der größeren Jungen war der Wolf, er versuchte die anderen Kinder zu fangen. Meine Oma, die damals vielleicht vier oder fünf Jahre alt war, bekam schreckliche Angst, als der Junge plötzlich wie ein Wolf heulte. Sie rannte zu ihrer Mutter, die sie fest in die Arme nahm. Dann drückte sie die Hände des kleinen Mädchens fest und sagte: »Hier, nimm dir etwas von meiner Stärke! Und dann geh raus und zeig es dem Wolf!« Sie wiederholten das Spiel noch mehrere Male, und Oma hatte bald einen Riesenspaß.

Jahre später zogen sie in die Stadt. Als die Belagerung begann und die Menschen an Hunger und Kälte starben, brauchte meine Oma ihren ganzen Mut, sich als Krankenschwester jeden Tag aufs Neue dem Elend zu stellen. Und wieder war es ihre Mutter, die ihr an so manchem Morgen die Hand drückte und von ihrer Stärke etwas abgab. Eines Tages war die Hand ihrer Mutter zu schwach geworden, und sie starb völlig entkräftet. Meine Oma war voller Trauer und nun völlig allein. Am liebsten hätte sie sich selbst aufgegeben, ihre Trauer drohte sie zu vernichten. Als sie zum letzten Mal die erkaltete Hand ihrer Mutter drückte, spürte sie plötzlich in ihrem Herzen eine tiefe Dankbarkeit aufsteigen. Sie spürte die Liebe ihrer Mutter über den Tod hinaus, und diese trug sie weiter, über die schweren Jahre hinweg. Bis jemand anderes ihre Hand drückte und sie eine neue Liebe fand.

Und so wünsche ich auch dir, dass du einen Weg durch deine Ängste hindurch findest und dich befreist, um das Leben neu zu erobern.

Mein Tipp

Einige unserer Ängste hatten in der Vergangenheit ihre Berechtigung, doch die Umstände haben sich möglicherweise geändert. Wer einmal eine Grenze schmerzlich erlebt hat, akzeptiert sie oft selbst dann noch, wenn sie gar nicht mehr existiert. Vielleicht hast auch du einmal ein Kind gesehen, das in der Vergangenheit misshandelt wurde und – obwohl es längst in Sicherheit ist – noch immer zusammenzuckt, wenn eine Geste frühere Erinnerungen in ihm wachruft. Der Körper erinnert sich noch immer an die Angst – sie hat sich tief eingeprägt.

- ❧ Hinterfrage deine Ängste – und hinterfrage deine Gewohnheiten.
- ❧ Übe dich im Loslassen (siehe Seite 209).
- ❧ Dehne die Ein-Minuten-Meditation auf zehn Minuten aus. Wenn Angst aufsteigt, betrachte sie wie von außen. Spüre, wie sie vergeht, wenn du ihr keine Nahrung gibst.

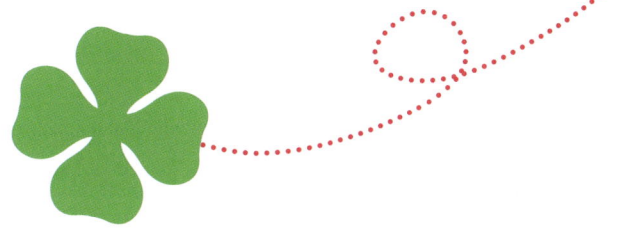

Dies hier ist nicht
die Generalprobe.
Es ist das Leben.
Verpass es nicht!

Was uns guttut

Eigentlich könnte die Sache mit dem Glück ganz einfach sein: Denk an das, was dir guttut. Triff die Entscheidung, das zu tun, was dir guttut. Und dann tu es!

Aber …

Wir sind längst daran gewöhnt, es uns nicht einfach zu machen. Schon in der Kindheit sind wir Zwängen ausgesetzt, die uns in unserer Entwicklung hemmen. Manche dieser Zwänge sind Notwendigkeiten, die sich aus dem Leben in der Gemeinschaft ergeben, und sie sind wichtig. Denn unsere persönliche Freiheit endet dort, wo sie anderen schadet. Doch viele familiäre und gesellschaftliche Regeln bestehen, ohne hinterfragt zu werden. Und sie verhindern, dass wir unser Potenzial frei entfalten und auf unser Herz hören. Das kann so weit gehen, dass wir auf die Frage, was uns guttut, erst mal keine Antwort haben.

Lerne wieder, für dich zu sorgen

Wenn ich von einer langen Seminarreise zurückkehre, ist das jedes Mal ein ganz entscheidender Moment. Über Wochen war ich täglich mit anderen Menschen zusammen, habe gecoacht, unterstützt, motiviert. Dann plötzlich ist es still um mich herum, und ich spüre: Mich gibt es ja auch noch! Erst mal brauche ich ein wenig Zeit für mich allein, muss entspannen, loslassen. Nach ein, zwei Tagen merke ich, dass ich mich regeneriert habe, und ich klinke mich wieder ins Leben ein, suche nach Inspirationen, melde mich in den sozialen Netzwerken zurück. Denn auch das brauche ich: den Austausch mit anderen Menschen. Ich möchte etwas geben können, und das funktioniert nur, wenn andere sich mir öffnen, mir vertrauen. Ich möchte Teil dieses Kreislaufs sein, in dem wir Menschen einander inspirieren, unterstützen, wahrnehmen – und spüren, wir haben alle mehr gemeinsam, als uns trennt. Das tut mir gut und macht mich glücklich.

Bei der Suche nach dem, was uns guttut, unterscheide ich zwischen dem, was momentan notwendig ist, und dem, was langfristig eine Bedeutung hat. Beides ist wichtig: Wenn ich nach intensiven Seminaren nicht entspannen kann, laufe ich Gefahr, dass ich ausbrenne. Dann kann ich meinem Langzeitziel nicht weiter entgegengehen und gerate stattdessen in eine Abwärtsspirale. Denk immer daran: Es hat nichts mit Egoismus zu tun, wenn du dich um dich selbst kümmerst – es ist oft lebensnotwendig. Manchmal gibt es Phasen im Leben, in denen wir zurückstecken müssen, weil wir anderen Priorität einräumen, dann etwa, wenn ein Mensch, den wir lieben, schwer krank ist, wenn die Kinder uns brauchen, oder auch dann, wenn ein wichtiger beruflicher Termin ansteht. Danach aber ist es besonders wichtig, uns zu fragen, was wir brauchen, um uns wohlzufühlen und die inneren Batterien aufzuladen.

Was tut dir gut?

Kannst du auf Anhieb sagen, was dir guttun würde? Hast du gefunden, was dich langfristig glücklich macht?

- Zeit für dich,
- ein Mensch an deiner Seite,
- eine große Familie,
- allein sein,
- Natur,
- jemand, der an dich glaubt,
- Sicherheit,
- Hoffnung,
- Frieden,
- Halt und Unterstützung,
- jemand, der dir sagt, du schaffst es,
- inspirierende Worte,
- ein Zuhause, in dem du dich wohlfühlst,
- Reisen,
- Nahrung für die Seele,
- Sport, Fitness,
- Herausforderungen,
- tiefe Gespräche.

❀ einfach mal chillen,

❀ du selbst sein dürfen,

❀ gutes Essen,

❀ Erfolg,

❀ die Nacht zum Tag machen,

❀ jung sein, erfinderisch sein,

❀ einfach mal alle Sorgen vergessen,

❀ …

Bevor du weiterliest, habe ich eine Bitte: Spüre nach, was dir in diesem Moment helfen würde, dich wohler zu fühlen. Lege das Buch zur Seite, schließe für einen Moment die Augen – und lass die Bilder und Gedanken in dir aufsteigen. Es muss nichts Großes sein … vielleicht möchtest du es dir nur bequemer machen, dir einen Tee kochen, ein heißes Bad nehmen … Vielleicht fällt dir ein Mensch ein, dem du rasch schreiben möchtest. Dem du zeigen möchtest, wie viel er dir bedeutet. Ich frage dich auch: Wie kannst du dir selbst zeigen, dass du dir wichtig bist?

Hast du etwas gefunden?

Dann tu es … jetzt.

Widerstände

Auf einer unbewussten Ebene tun wir alle ständig etwas, damit wir uns wohler fühlen: Wir strecken uns, verändern die Sitzposition, ziehen die Schuhe aus, unsere Augenlider blinzeln … Kleinigkeiten, die dennoch einen Unterschied in unserem Wohlgefühl machen.

Doch wenn wir bewusst darum gebeten werden, es uns gut gehen zu lassen, steigt in vielen von uns Widerstand auf. Haben wir das überhaupt verdient? Haben wir genug geleistet, um eine Pause einlegen zu dürfen? Müssen wir nicht erst noch dies oder jenes erledigen, bevor wir uns ein wenig Egoismus erlauben dürfen?

Wir alle stehen unter dem Druck unserer Leistungsgesellschaft. Wie oft hast du schon den Satz gehört »Das hast du dir verdient«? Dürfen wir nur dann entspannen, wenn wir Wochen oder gar Monate Überstunden gemacht haben? Oder ist es nicht viel sinnvoller, uns täglich um unser Wohlgefühl zu kümmern, ganz einfach, weil wir es uns wert sind? Weil wir nur dieses eine Leben haben?

Zu den äußeren Zwängen kommen die inneren Stimmen, die uns davon abhalten, gut zu uns selbst zu sein. Sie alle haben einen gemeinsamen Nenner: Wir nehmen uns nicht wichtig. Wir unterstützen und lieben uns nicht genug. Der Grund dafür liegt in unseren Denkmustern. Aber du weißt bereits, wie du diese Funktion deiner Gedanken-App umprogrammierst: Wahrnehmen – verändern – verankern (siehe Seite 78).

Wenn du dir selbst vorenthältst, was du brauchst, schaffst du Frustration. Du missachtest deine Bedürfnisse. Würdest du das bei Freunden tun? Wenn dir jemand sagt, er braucht einen Abend lang Ruhe – würdest du seine Bitte ignorieren? Oder würdest du ihm wünschen, dass er es sich gut gehen lässt, und dich freuen, in ein, zwei Tagen wieder von ihm zu hören?

Gib jedem Tag die Chance,
der schönste deines Lebens zu werden.

Mark Twain

Langfristige Visionen

Während wir noch relativ leicht herausfinden, was uns im Moment guttut, haben viele von uns Schwierigkeiten, das zu benennen, was auf Dauer wirklich wichtig ist. Unsere langfristigen Visionen stehen in engem Zusammenhang damit, welchen Sinn wir unserem Leben geben wollen. Und damit tun wir uns ganz schön schwer.

Ich erinnere mich an ein Kreuzfahrtseminar. Wir waren nahe der Küste von Grönland. Langsam steuerte das Schiff an den mächtigen Gletschern vorbei. Auf Deck wehte eine eisige Brise, und so hatten sich viele Teilnehmer schon lange vor dem Seminar im Raum versammelt. Zu Beginn fragte ich: »Wer von euch hat für sich den Sinn des Lebens gefunden?« Ich bat die Betreffenden, die Hand zu heben. Kein Einziger meldete sich. Die meisten waren schon in Rente, doch auch sie wussten keine Antwort auf die Frage, die seit Jahrtausenden Philosophen und Religionsführer bewegt.

Warum wir leben, ist eines der Rätsel, das wir vielleicht nie lösen werden. Aber wir können dennoch eine Antwort für uns finden: Der Sinn des Lebens ist letzten Endes nämlich der, den wir ihm geben.

Ich frage dich:

- ❀ Warum stehst du jeden Morgen auf?
- ❀ Was treibt dich an?
- ❀ Was möchtest du zum Sinn deines Lebens machen?
- ❀ Hast du es schon gefunden? Oder suchst du noch?
- ❀ Wann fühlst du dich ganz in deinem Element?

Jeder von uns ist einzigartig und hat ein ganz besonderes Talent in sich verborgen. Wenn wir dieses Talent entfalten, tun wir uns und anderen gut. Wir bringen etwas ins Rollen – und mit einem Mal bekommt alles einen Sinn.

Ich erinnere mich noch genau an den Moment, in dem ich wusste, was ich wirklich tun will und was mich glücklich macht. Anfangs tat ich es in einem kleinen Rahmen, baute mir eine Social Community auf. Doch das war mir nicht genug. Ich wollte direkt mit den Menschen arbeiten, wollte der Puls des Geschehens sein. Schließlich kündigte ich meine Arbeit und wagte den Schritt in die Selbstständigkeit. Eine ungeheure Energie wurde in mir frei und trug mich meinem Ziel jeden Tag ein Stück näher. Angefangen hatte alles mit dem Wunsch, den Menschen in meiner neuen Heimat etwas zurückzugeben. Fast zwanzig Jahre später war ich nach etlichen Umwegen und Hindernissen genau dort angekommen: Ich veranstaltete mein erstes Glücksseminar. Seither macht es mir immer eine besondere Freude, andere darin zu unterstützen, ihren Lebenssinn zu finden.

An dieser Stelle möchte ich euch die Geschichte von Max erzählen; seine Mutter hatte ihn vor nunmehr vier Jahren in eines meiner Seminare geschickt. Max hatte schon dreimal sein Studium abgebrochen: Jura war ihm zu trocken gewesen, Wirtschaftswissenschaften nicht minder, und bei BWL hatte er sich einfach nicht zum Lernen zwingen können. Seine Eltern hofften, er würde sich für Management oder notfalls eine Banklehre entscheiden, aber als ich Max fragte, was er denn tun wolle, sagte er, er wisse es einfach nicht.

Mir fiel auf, dass er während meiner Seminarvorträge die ganze Zeit zeichnete. In einer Pause bat ich ihn, mir zu zeigen, was er da skizziert hatte.

»Hier, kannst du haben«, sagte er und reichte mir das Blatt.

Ich erwartete irgendwelche Doodles und war völlig überrascht, als mir ein Porträt von mir selbst entgegenblickte. Er hatte mich nicht nur einfach gezeichnet, sondern meine Persönlichkeit eingefangen.

»Hat dir schon mal jemand gesagt, dass du ein ganz besonderes Talent hast?«, fragte ich ihn.

Max nickte. »Ja, meine Kunstlehrerin. Sie fand, ich solle Kunst studieren. Aber da würden meine Eltern durchdrehen.«

»Meinst du nicht, dass sie viel mehr durchdrehen werden, wenn du noch ein Studium abbrichst?«, fragte ich ihn.

»Keine Ahnung«, meinte er und zuckte mit den Achseln.

Wir unterhielten uns lange über seine Kindheit, das Gefühl, funktionieren zu müssen, und die Sorge, vom Zeichnen nicht leben zu können.

Ich bat ihn, ein Bild von sich selbst in der Zukunft zu malen. So brachte Max seine Vision zu Papier: er selbst in einem Raum, in dem seine Werke ausgestellt wurden.

Als Max im Lauf der nächsten Wochen die Angst loslassen konnte, sich vor seinen Eltern zu behaupten und als Künstler zu versagen, änderte sich sein Lebensgefühl. Plötzlich hatte er wieder Energie und spürte Begeisterung und Lebensfreude in sich. Er stellte eine Mappe mit Zeichnungen für die Kunsthochschule zusammen und wurde angenommen. Seine Eltern sahen das Ganze anfangs mit Skepsis, doch sie waren erleichtert, dass er das Studium diesmal nicht abbrach. Max' erste Ausstellung war ein großer Erfolg, und ich bin stolz, ein Porträt von ihm zu besitzen.

> *Wir stehen immer kurz davor zu leben,*
> *aber wir leben nie.*
>
> Ralph Waldo Emerson

Viele von uns gestalten ihr Leben, als wäre es eine Generalprobe. Sie schieben hinaus, was wirklich wichtig ist, als hätten sie ewig Zeit. Davon handelt auch die folgende Geschichte, die mir ein Seminarteilnehmer eines Tages erzählte …

DER KRUG UND DIE MURMELN

Einmal hielt ein bekannter Wirtschaftswissenschaftler ein Seminar für Zeitplanung ab. Unter den Zuhörern befanden sich zahlreiche Führungskräfte, die neugierig waren, was sie zu hören bekämen.

Der Professor begann mit einem Experiment. Er stellte einen großen Glaskrug auf das Pult vor ihm und füllte ihn mit einem Dut-

zend Murmeln, die allesamt so groß wie Tennisbälle waren. Der Krug war bis zum Rand gefüllt.

»Was meinen Sie – ist der Krug voll?«, fragte der Professor.

Die Seminarteilnehmer nickten. Es war offensichtlich, dass keine weitere Murmel hineinpasste.

Der Professor bückte sich und holte einen Becher voller Kieselsteine unter dem Pult hervor. Dann verteilte er den Kies über die großen Murmeln und stocherte vorsichtig mit einem Holzstab im Krug herum. Der Kies verteilte sich und füllte die Zwischenräume zwischen den Murmeln aus.

Dann sah er auf und wiederholte seine Frage: »Was meinen Sie – ist der Krug voll?«

Die Seminarteilnehmer waren vorsichtig geworden.

»Wahrscheinlich nicht«, meinte einer von ihnen.

Der Professor verschwand erneut hinter dem Pult und holte einen Becher Sand hervor. Den verteilte er wie zuvor die Kieselsteine.

Als er wieder die Frage stellte, ob der Krug voll sei, verneinten die Seminarteilnehmer einstimmig – auch wenn sie keine Ahnung hatten, was als Nächstes kam.

Der Professor füllte ein Gefäß mit Wasser und goss es über das Gemisch aus Murmeln, Kies und Sand.

Dann sah er in die Runde und fragte: »Was lernen wir aus diesem kleinen Experiment?«

Die meisten Seminarteilnehmer wichen seinem Blick aus, nur um nicht gefragt zu werden. Also erklärte der Professor: »Der Krug steht für unser Leben. Die großen Murmeln symbolisieren die Dinge, die uns am wichtigsten sind und uns am Herzen liegen. Der Kies, der Sand und das Wasser aber sind Dinge, die uns weniger bedeuten. Wenn wir die unwichtigen Dinge zuerst in den Krug füllen, bleibt kein Platz mehr für die Dinge, die wirklich von Bedeutung sind:

unsere Kinder, unsere Berufung, unsere Träume, Zeit für uns, unser inneres Wachstum, Gesundheit, Mitgefühl …«

Auf seine Worte folgte ein langes Schweigen, denn allen Teilnehmern wurde bewusst, wie recht er hatte.

Dann wandte der Professor sich erneut an die Gruppe:

»Und was sind die wirklich wichtigen Murmeln in Ihrem Leben?«

Eine Liste mit den wichtigsten Dingen erstellen

Wenn du weißt, was dir guttut und welchen Sinn du deinem Leben geben willst, hast du eine weitere universelle Glückszutat gefunden. Im Folgenden erstellen wir eine Liste mit Dingen, die wir immer schon mal tun wollten – von kleinen Dingen bis hin zu unseren Träumen. Manchmal wussten wir als Kind oder Jugendlicher genau, was wir werden wollten und warum. Und oft liegt genau darin eine Idee verborgen, die eine neue Bedeutung für uns erlangen kann. Andere Ziele wachsen mit unseren Erfahrungen – sie sind inspiriert durch Dinge, die wir erlebt oder beobachtet haben.

Du kannst deine Liste über Tage und Wochen hinweg wachsen lassen. Es ist ein wichtiger Prozess, denn eines Tages wirst du zurückschauen und dich fragen, ob du wirklich gelebt hast. Deshalb fange jetzt gleich damit an, den kommenden Jahren mehr Leben zu geben.

Übung

Wenn du ein Tagebuch oder Notizbuch führst, nimm es zur Hand – oder öffne eine neue Datei auf deinem Computer oder Tablet. Schreibe auf, was du immer schon mal tun wolltest. Zensiere dich dabei nicht! Wichtig ist, wie beim Brainstorming die Gedanken frei fließen zu lassen.

In diesem Augenblick ist es nicht wichtig, ob du deine Wünsche je realisieren kannst. Wenn du den Wunsch hast, zum Mars zu fliegen, notiere es! Und wenn du dir eine große Familie wünschst, obwohl du gerade Single bist, dann auch.

Nimm dir in den folgenden Tagen immer wieder etwas Zeit, deine Liste zu vervollständigen. Wenn du das Gefühl hast, dass sie nahezu vollständig ist, kannst du mit dem Sortieren beginnen: Was kannst du in naher Zukunft tun? Und was sind langfristige Wünsche und Ziele?

Pflege die Liste, indem du immer mal wieder einen Blick daraufwirfst, neue Dinge hinzufügst und andere justierst. Vor allem aber erfülle dir alle Wünsche, die im Rahmen deiner Möglichkeiten liegen. Mit den Jahren wirst du feststellen, dass du dich wie von selbst deinen großen Zielen näherst. Vielleicht schaffst du es nicht, zum Mars zu fliegen, sondern schreibst einen Roman darüber. Und vielleicht hast du keine eigenen Kinder, sondern arbeitest ehrenamtlich für sozial benachteiligte Kinder, die dir ganz nahe sind. Es wird dich glücklich machen, denn es erfüllt deinen innersten Wunsch.

Tanze, als würde dich niemand sehen.
Liebe, als wäre dein Herz nie gebrochen.
Singe, als würde dich niemand hören.
Lebe, als gäbe es kein Morgen.

Ein guter Freund von mir verlor seinen Vater durch einen Herzinfarkt. Er war erst Mitte sechzig und gerade in Rente gegangen. Was meinen Freund besonders schmerzte, war die Einsicht, dass sein Vater nie wirklich gelebt hatte. Er hatte immer davon gesprochen, was er alles tun wolle, wenn er erst einmal im Ruhestand sei. So hatte er sein Leben immer weiter aufgeschoben, bis es zu spät war.

Mein Freund beschloss daraufhin, es anders zu machen. Er hatte früher Medizin studieren wollen, um Leben zu retten, war aber im Betrieb seines Vaters gelandet. Seine Lebensplanung ließ nicht zu, dass er noch mal von vorn anfing. Doch er hatte eine Idee. Kurzerhand entschied er sich dazu, Stammzellen zu spenden. Nach einigen Monaten erhielt er eine Anfrage – und spendete Knochenmark. So rettete er einem kleinen Jungen das Leben.

Als ich mit ihm sprach, was das für ein Gefühl sei, sagte er zu mir: »Ich bin einfach nur glücklich. Mein Leben hat endlich einen Sinn, der über den Betrieb und das Haus, dessen Hypothek ich abbezahlen muss, weit hinausgeht.«

Du hast deinem Leben einen Sinn gegeben, dachte ich und war stolz auf ihn.

Das Beste kommt zum Schluss

Wenn wir in unsere Zukunft schauen, ist nur eines gewiss: Wir alle werden eines Tages sterben. Wir kennen nicht den Zeitpunkt, und wir können dem Tod nicht entkommen. Wir wissen nicht, was danach sein wird, ob es ein Leben nach dem Tod gibt. Wir können daran glauben, aber glauben heißt nicht wissen. Die große Frage, die wir uns stellen müssen, lautet: Haben wir ein Leben *vor* dem Tod geführt?

Wenn man alte oder schwer kranke Menschen, die dem Tod ins Auge sehen, danach fragt, was sie bedauern, sind es nicht so sehr die Dinge, die sie getan haben, sondern vielmehr jene, die sie nicht getan haben.

Wir haben Angst vor dem Tod – aber sollten wir nicht vielmehr Angst haben, nicht zu leben? Das, was uns wichtig ist, immer wieder aufzuschieben?

Leben heißt Freude, Energie, Kraft. Eins sein. Es heißt auch Herausforderung und manchmal Schmerz. Wenn wir finden, was uns guttut, und unser Vorhaben in die Tat umsetzen, heißt das nicht, dass es immer einfach sein wird. Wir werden Risiken eingehen, doch sie werden es wert sein. Auf unserem Weg werden wir Hindernissen im Innen und Außen begegnen und uns daran stoßen. Doch wenn es ein Herzenswunsch ist, werden wir weitermachen und eines Tages sagen können: Wir haben wirklich gelebt.

»Lohnt sich das denn?«, fragt der Kopf.
»Nein«, sagt das Herz, »aber es tut gut.«

Mein Tipp

Manchmal sind es andere, die sehen, was in uns steckt. Hat dir auch schon mal jemand gesagt, du solltest ein Buch schreiben? Du könntest gut zuhören? Du hättest ein besonderes Talent? Vielleicht hast du es bisher weggewischt, aus Bescheidenheit oder weil dir das Selbstvertrauen fehlte. Vielleicht aber schlägt es eine Saite in deinem Innern an und weckt in dir den Wunsch, daraus etwas zu machen … Dann zögere nicht länger!

Lebe deinen Traum.
Denke immer positiv
und tue, was du liebst.
Sei leidenschaftlich.
Lache viel.
Glaube an dich.
Sei dankbar.
Folge deinem Herzen
und genieße jeden Tag.
Es ist dein Leben.

Bleibe motiviert

Drei Dinge, auf die es im Leben ankommt:
Wie mutig du bist, etwas loszulassen,
was dir nicht guttut.
Wie leidenschaftlich du dich für etwas einsetzt,
das dir wirklich wichtig ist.
Wie tief du an die Liebe glaubst,
obwohl du enttäuscht wurdest.

In Bewegung kommen

Vielleicht kennst du das: Du willst oder musst etwas erledigen, aber du kannst dich ganz einfach nicht dazu aufraffen. Es fehlt dir an Motivation. Oder du hast eine zündende Idee und machst dich voller Elan an die Verwirklichung. Eigentlich läuft alles richtig gut, doch nach einigen Tagen fühlst du dich irgendwie lustlos, und ehe du dichs versiehst, ist dein Projekt zum Scheitern verurteilt. Vielleicht hast du nach Wegen gesucht, um motiviert zu bleiben, doch keine Strategie hat auf Dauer gewirkt. Lass es uns jetzt ändern!

Motivation ist eine der wichtigsten universellen Lebensregeln. Sie hilft dir, in Bewegung zu kommen und durchzuhalten, bis du dein Ziel erreicht hast. Erst mit Motivation gelingt es dir, dich jeden Tag aufs Neue positiv auszurichten. Das klingt nach einer gewaltigen Aufgabe. Aber wenn du nicht motiviert wärst, hättest du das Buch längst ins Regal geschoben und so weitergemacht wie bisher.

Ich freue mich, dass du immer noch mit dabei bist. Und damit das auch so bleibt und dir in Zukunft die Aktion leichtfällt, lass uns die Motivation nun genauer betrachten.

Motivation — was ist das?

Sprachlich leitet sich der Begriff von lateinisch *movere* ab und bedeutet »bewegen«. Dabei ist sowohl die Bewegung von etwas weg als auch auf etwas zu gemeint: weg von unerwünschten Situationen oder Gegebenheiten und hin zu einem Ziel. Wichtig ist auch, dass Motivation etwas in uns bewegt. Sie ist der Impuls, der einem Gedanken folgt, und treibt uns zum Handeln an.

Generell unterscheidet man zwischen äußerer (extrinsischer) und innerer (intrinsischer) Motivation. Lass uns beide Formen genauer betrachten, um dann eine eigene Glückszutat zu kreieren.

Äußere Motivation

Die extrinsische Motivation besteht aus zwei Unterarten: Belohnung und Bestrafung. Das heißt: Ich bin motiviert, weil ich etwas bekomme oder weil ich Angst vor negativen Folgen für mich selbst habe, wenn ich mein Ziel nicht erreiche.

Wie der Name sagt, beinhaltet die äußere Motivation all das, was dich von außen anfeuert. Du kannst dich selbst belohnen oder bestrafen. Oder du teilst dein Vorhaben mit anderen und bekommst motivierendes Feedback — ob du nun auf Facebook deine geplante Laufstrecke postest, dich mit Kollegen zum Sprachkurs anmeldest oder vor deinen Freunden verkündest, dass du fünf Kilo abnehmen möchtest. Du baust damit aktiv Druck auf dich selbst auf, um dein Ziel zu erreichen. Gelingt es dir, wirst du durch positive Aufmerksamkeit belohnt.

Kommst du vom Weg ab, wirst du dich vermutlich schämen oder das Gefühl haben, dich rechtfertigen zu müssen.

Generell gilt: Die Entscheidung, welches Ziel du wann erreichen willst, liegt bei dir. Wenn es mit dem Abnehmen nicht klappt, weil der Stress in der Arbeit gerade zu hoch ist, kannst du dein Vorhaben natürlich verschieben. Aber achte darauf, dass du dir nicht Abend für Abend sagst: »Meine Diät beginnt morgen.« Wenn in deinem Leben Änderungsbedarf besteht, bist du es dir selbst schuldig dranzubleiben. Warum, weißt du aus dem vorigen Kapitel: Es geht immer darum, dieses eine Leben bestmöglich zu nutzen.

Natürlich gehört dazu auch, mal faul zu sein, einfach einen Abend auf der Couch zu entspannen, mit Freunden voller Genuss zu essen, statt Kalorien zu zählen, und ein gepflegtes Nichtstun zu genießen. Dennoch wirst du am Ende deines Lebens ziemlich sicher nicht das Gefühl haben, alles aus dir herausgeholt zu haben, wenn du jahrzehntelang die Abende vor dem Fernseher verbracht und Chips gegessen hast … Du verstehst, was ich meine. Es gilt, einen guten, gesunden Wechsel aus Aktivität und Entspannung, aus Motivation und Loslassen zu finden.

Eines ist in diesem Zusammenhang wichtig zu wissen: Wenn wir uns Herausforderungen stellen, die wir bewältigen können, werden in uns Endorphine freigesetzt – Glückshormone. Bei gewissen Tätigkeiten, wie zum Beispiel beim Laufen, führt das zum sogenannten Flow. Nach den ersten Hindernissen gelangen wir in eine Lauftrance, alles geht wie von selbst. Wir sind im Fluss und fühlen uns glücklich.

Die Kunst dabei ist, dass die Aufgaben, die wir angehen, uns in einem Maß herausfordern, das wir bewältigen können.

Wenn du nie gejoggt hast und dir gleich als Erstes zwanzig Kilometer vornimmst, wirst du vermutlich scheitern. Das schafft Frustration statt Flow. Wenn du aber einen Spaziergang machst und abwechselnd gehst und joggst, hast du das Gefühl, eine Herausforderung gemeistert zu haben. Die Wahrscheinlichkeit, dass du es wieder tust, ist groß. Und du wirst dich dabei richtig gut fühlen.

Ganz ähnlich ist es mit den Techniken der Glückszutaten. Sie fordern dich heraus, etwas gegen deine Gewohnheiten zu tun. Du merkst es daran, dass du die Übungen immer wieder aufschiebst. Vielleicht sagst du dir, das sei ja alles nichts Neues und würde dir sowieso nicht helfen. Dann hast du deinen inneren Schweinehund auf frischer Tat ertappt. Deine gewohnheitsmäßigen Gedanken verhindern, dass Motivation stattfinden kann. Du weißt, was dagegen hilft: die Techniken »Ein-Minuten-Meditation« und »Umprogrammieren – leicht gemacht« (siehe Seite 77). Jetzt kannst du Belohnung und Bestrafung als extrinsische Motivation nutzen, um gezielter vorzugehen. Doch was dich wirklich weiterbringt, ist die intrinsische Motivation: das, was von innen kommt.

*Lieber etwas riskieren
als ewig zu bereuen,
sich nicht getraut zu haben.*

Innere Motivation

Hast du dich schon mal gefragt, warum so viele Menschen ihren Hobbys nachgehen? Eine Unmenge Zeit und Geld wird jährlich in die bunte Welt der Freizeitaktivitäten investiert, und das ganz einfach deshalb, weil es Spaß macht und kreativ ist. Im Alltag müssen wir lauter Dinge tun, die uns missfallen oder langweilen. Daher ist Spaß an der Sache eine große innere Motivation. Wir müssen uns nicht einmal überwinden, sondern denken voller Vorfreude an das, was wir tun wollen. Da springt der Funke wie von selbst vom Denken über aufs Handeln, und wir brauchen nicht einmal einen Anreiz von außen.

Ähnlich verhält es sich mit ehrenamtlichen Diensten. Hier ist der Sinn, der unserem Tun zugrunde liegt, der Motor, der uns in Bewegung setzt. Wir haben das Gefühl, dass unsere Handlungen für andere Menschen, Tiere oder die Natur einen Unterschied machen. Das Sinnprinzip betrifft nicht nur freiwillige Dienste, sondern auch die berufliche Tätigkeit. Angestellte in Unternehmen, die sich für soziale Projekte einsetzen, zeigen oft mehr Begeisterung und Engagement über die normalen Tätigkeiten hinaus. Sie identifizieren sich mit den Kampagnen, bringen sich privat ein und empfinden ihre Arbeit als weitaus befriedigender als Menschen in Betrieben, die den ethischen Aspekt außer Acht lassen.

Wenn wir einen Sinn in etwas sehen, ist dies eine stärkere Motivation als der Spaß. Menschen, die andere ehrenamtlich aus Seenot retten, haben sicher kein Vergnügen an den Fahrten, doch das Gefühl, im rechten Augenblick am rechten Platz zu sein, ist Antrieb genug. Da ist auch keine extrinsische

Motivation nötig. Im Gegenteil, oft setzen Seenotretter, Feuerwehrmänner und andere Katastrophenhelfer sogar ihr Leben aufs Spiel.

Im vergangenen Kapitel hast du eine Liste mit Dingen erstellt, die dir wichtig sind und die du gern tun möchtest. Dabei hast du dich der Frage nach dem Sinn deines Lebens gestellt.

Sinn bedeutet Erfüllung, und zwar mehr, als Geld und Erfolg uns schenken können. Erfüllung wiederum hängt eng mit unseren Werten zusammen. Wenn wir uns aus Liebe um einen Menschen kümmern, hat dies eine andere Qualität, als wenn wir es allein für Geld tun. Auch wenn unsere Gesellschaft leistungsbezogen ist, wenn Karriere und Geld oft im Mittelpunkt stehen, sind vielen Menschen langfristig humane Werte wichtiger.

Ich frage dich: Welche Werte treiben dich an?

* Menschenliebe,
* Gleichheit,
* Gerechtigkeit,
* Zusammenhalt,
* Freiheit,
* Vertrauen,
* Respekt,
* Empathie,
* Hilfsbereitschaft,
* Anerkennung,
* Integrität,
* …

Und wie hängen sie mit den Punkten auf deiner Wunschliste zusammen?

Wenn du in den Zielen, die auf deiner persönlichen Wunschliste stehen, einen übergeordneten Sinn entdeckst, werden sie dir ganz sicher zur richtigen Zeit erfüllt.

Die folgende Geschichte zeigt, worauf es wirklich ankommt, wenn wir Erfolg haben wollen.

DIE SEHNSUCHT NACH DEM MEER

Es war einmal ein junger Prinz, der sich eine große Flotte für sein Reich wünschte. Er ließ Holz schlagen und holte die berühmtesten Schiffsbaumeister und Zimmerleute ins Land. Ihnen befahl er, seine Soldaten im Schiffsbau zu unterweisen. Viele Monate gingen ins Land, bis das erste Schiff fertig war und vor den Augen des Fürsten zu Wasser gelassen wurde. Anmutig glitt es über das ruhige Meer, doch dann legte es sich auf die Seite, lief voll Wasser und sank.

Der Prinz wurde zornig und ließ seine Soldaten hart bestrafen. Dann befahl er ihnen erneut, ein Schiff zu bauen, versprach ihnen Golddukaten als Belohnung und drohte ihnen mit dem Tod, sollte es wieder sinken.

Die Soldaten arbeiteten hart und hielten sich an die Anweisungen, die sie erhalten hatten. Als sie das nächste Schiff vom Stapel laufen ließen, griffen die Wellen danach. Sie begruben das Schiff und mit ihm den Traum des Prinzen. Außer sich vor Zorn wollte er die Soldaten eigenhändig bestrafen, da trat sein alter Lehrer zu ihm.

»Willst du deine Leute lehren, Schiffe zu bauen«, sagte der Mann, »dann zeige ihnen nicht, wie man Bäume fällt, Pläne zeichnet, Planken zurechtsägt und mit Hammer und Nägeln umgeht. Wecke in ihnen stattdessen die Neugier und die Sehnsucht nach dem weiten, weiten Meer.«

Im Leben geht es immer wieder darum, ein Gleichgewicht aus Träumen, Sehnsucht, Wissen und Aktion zu finden. Wenn wir rein verstandesmäßig vorgehen, fehlt uns das Gefühl als Antrieb. Wenn wir nur träumen, leben wir nicht wirklich. Träume, Visionen und Ziele geben unserem Leben eine Richtung zum fernen Horizont vor. Wenn sie uns gefühlsmäßig bewegen, dann bewegen sich auch unsere Aktionen in diese Richtung.

Der Extra-Motivationskick

Wenn es dir mehr um Spaß und das Ausleben deines Potenzials geht, dann kannst du dir geschickt einen Antrieb aus intrinsischer und extrinsischer Motivation basteln.

Ich selbst unterteile meinen Weg zum Ziel gern in Etappen. Für jeden einzelnen Etappensieg belohne ich mich, und wenn ich spüre, dass ich in meiner Motivation nachlasse, achte ich auf meine Gedanken. Sobald sie sich vom Ziel wegbewegen und mir vormachen wollen, es sei doch nicht so wichtig, ich könne die Sache ja noch ein bisschen aufschieben, programmiere ich sie kurzerhand um. Dann gebe ich mir noch einen Extra-Motivationskick, indem ich Freunden oder meiner Community von meinem anvisierten Ziel erzähle. Das wirkt wie Zuckerbrot und Peitsche, und so bleibt wenig Raum für den inneren Schweinehund.

Ein Beispiel: Nirgends ist die Motivation derzeit so stark gesteuert wie im Sport. Apps, Fitness-Tracks, Personal Trainer, dazu HD-Videos von Menschen, die für ihren Sport brennen, modische Outfits und das Versprechen, gut auszusehen, schaffen eine wahre Motivationsspirale – wenn man nicht gerade ein Couch-Potato ist. Dann nämlich lässt einen der ganze Hype völlig unberührt. Dabei ist Sport eine gute Sache: Wir können körperliche Grenzen erfahren und überwinden. Wir tun etwas für unser Äußeres. Vor allem aber tun wir etwas für unsere Gesundheit. Wir bleiben beweglicher und betreiben aktive Vorsorge.

Auch ich spüre, dass ich älter werde. Wenn ich von dreiwöchigen Seminaren zurückkehre, bin ich länger erschöpft als noch vor fünf Jahren. Ich spüre, ich bin körperlich an einem Punkt angelangt, an dem etwas Sport mir guttun würde. Doch mir fehlt die Begeisterung. Ich sehe mir gern ein Fußballspiel an, und es ist grandios, welche Leistungen manche Athleten vollbringen. Doch all das wirkt nicht ansteckend auf mich, was bedeutet, meine Motivation muss von innen kommen, wenn ich mich selbst dazu bringen möchte, aktiver zu werden.

Wenn ich an die Zukunft denke, weiß ich, ich möchte lange gesund und fit bleiben. Im Alter möchte ich gern vieles tun, wofür mir heute die Zeit fehlt. Aber da muss mein Körper mitspielen – und das kann ich mit allem, was ich heute tue, bis zu einem gewissen Grad beeinflussen. Damit habe ich meine intrinsische Motivation gefunden. Auf dieser Basis erstelle ich mir eine Lauf-Challenge. Da ich mich kenne, setze ich das Ziel hoch genug an, damit es eine Herausforderung bleibt. Außerdem baue ich unterschiedliche Aufgaben auf der Strecke ein, damit es nicht zu schnell langweilig wird. Auf dem Papier sieht alles gut aus, und wenn ich den Plan betrachte, fühle ich mich fast schon fitter als zuvor. Ein Blick auf die Wetter-App sagt mir, dass es am folgenden Tag regnen wird … Und schon spüre ich, wie meine Gedanken sich mit meiner Bequemlichkeit verbünden. Aber nichts da! Ich will mich nicht von meinem inneren Ziel abbringen lassen. Deshalb verabrede ich mich mit einem Freund zum Laufen. Bei ihm weiß ich genau: Wenn ich einmal absage, wird es noch toleriert, aber ein zweites Mal kann ich mich nicht herausreden. Und so beginne ich, meinen Laufplan in die Tat umzusetzen. Zwar muss ich mich jedes Mal überreden, wirklich laufen zu gehen, aber wenn ich es dann tue, habe ich Spaß dabei. Ich spüre bald, dass ich fitter werde. Innerhalb von wenigen Wochen komme ich an den Punkt, an dem mir das Laufen fehlt, wenn ich mal keine Zeit dafür habe.

Genauso funktioniert Motivation.

Und nun lass uns einen Plan für deine persönliche Glücks-Challenge erarbeiten!

Die Glücks-Challenge

Lass uns überlegen, warum du als Leserin oder Leser mit dabei bist:

* 🍀 Du möchtest das Glück in dein Leben einladen.
* 🍀 Du wünschst dir mehr Zufriedenheit im täglichen Leben.
* 🍀 Du willst endlich auch mal Schweineglück haben und es so richtig genießen können.
* 🍀 Du bist eigentlich recht zufrieden, hast aber das Gefühl: Da geht noch mehr.
* 🍀 Du bist glücklich und wünschst dir, dass es so bleibt.

Dein innerer Antrieb ist dein Wunsch, mehr aus deinem Leben herauszuholen. Diesen Wunsch kannst du mit den folgenden Gedanken verstärken:

* 🍀 Du siehst das Leben als Geschenk, für das du dankbar bist oder sein möchtest.
* 🍀 Du weißt, dass du heute deine Zukunft schmiedest.
* 🍀 Du willst keinen Tag mehr versäumen, denn dir ist bewusst, dass das Leben endlich ist.

Diese Gedanken helfen dir, weiter an dir zu arbeiten und dich für dein eigenes Glück einzusetzen. Doch du weißt auch, dass es in dir und in deinem Umfeld Widerstände gibt, die dich dazu bewegen, deine geplanten Aktivitäten immer wieder hinauszuzögern. Daher heißt der nächste Schritt:

* 🍀 Beobachte deine Gedanken und programmiere sie um!

Statt: »Ich bin müde, ich meditiere lieber morgen« sagst du dir zum Beispiel: »Eine Minute habe ich Zeit. Das bin ich mir wert. Ich fühle mich mit jedem Tag wohler und entspannter.«

Um dich weiter zu unterstützen, arbeite mit einem Belohnungssystem oder übe etwas Druck auf dich aus! Das kannst du mit der Hilfe von Freunden, aber auch allein tun. Und nun zur Übung.

Übung

Suche aus den folgenden Techniken spontan eine aus:
* Filmriss – die Gedanken stoppen.
* Ein-Minuten-Meditation.
* Umprogrammieren – leicht gemacht.
* Dankbarkeit – der Schlüssel zum Erfolg.
* Nicht aufgeben!
* Im Schlechten das Gute finden.
* Keine Angst.
* Finde, was dir guttut.

Entscheide dich jetzt dafür, über einen Zeitraum von achtundzwanzig Tagen die von dir ausgewählte Übung jeweils von Montag bis Freitag durchzuführen. Das ist wichtig, denn wir benötigen mindestens einundzwanzig Tage, um eine neue Gewohnheit zu etablieren.

Blocke feste Zeiten in deinem Kalender, die du auch einhalten kannst. Samstags nimmst du dir eine der neuen Techniken aus den beiden letzten Kapiteln vor, und sonntags tust du, worauf du Lust hast.

Erinnere dich jeden Morgen an deine innere Motivation: Du möchtest noch mehr aus deinem Leben machen.

Belohne dich am Ende jeder Woche für deine Disziplin. Es ist großartig, dass du jetzt ein Teil der Community bist!

Nach achtundzwanzig Tagen frage dich: Fühle ich mich gelassener? Positiver? Habe ich in den vergangenen Wochen mehr Momente in meinem Leben genossen? Bin ich der Erfüllung meiner Wünsche einen Schritt näher gekommen?

Wenn dies der Fall ist, gratuliere ich dir. Bleibe dran, das Leben hat noch so viel zu bieten!

Oder ist es dir schwergefallen, diszipliniert zu sein? Forsche nach den Ursachen und programmiere deine Gedanken konsequent um. Denke immer daran: Dies ist dein Leben. Du hast das Recht darauf, glücklich zu sein.

Wenn du deine Übungen absolviert und dennoch nicht das Gefühl hast, dass dein Leben positiver geworden ist, bitte ich dich, als Nächstes mit den Themen »Angst« und »Gedanken« zu arbeiten. Angst blockiert uns – der Weg durch die Angst aber führt meist zu unserem Ziel.

Auch negative Gedanken blockieren uns in unserem Glücksempfinden, denn Gedanken beeinflussen unsere Gefühle. Du weißt, wie du ihnen zu Leibe rückst: mit der Technik auf Seite 77.

Think big!

Es ist einfach faszinierend: Seit Anbeginn der Menschheit haben wir die unglaublichsten Ziele erlangt. Forscher und Entdecker waren über die Jahrtausende hinweg damit beschäftigt, die bekannten Grenzen zu sprengen. Während ich diese Zeilen schreibe, werden neue Galaxien entdeckt, Medikamente erforscht, Rekorde gebrochen … Und alles beginnt mit einer Idee. Angetrieben von dem Wunsch, etwas Bedeutendes zu schaffen, wird diese Idee in die Tat umgesetzt und von der Kraft der Motivation weiter befeuert.

Dabei muss man kein Extremsportler, kein Forscher und auch kein Astronaut sein, um diese Antriebskraft in sich zu spüren. Wir alle sind schon einmal über uns hinausgewachsen oder werden es eines Tages tun – ein Gefühl, das wahrhaft beflügelt. Wenn wir aufmerksam durch die Welt gehen, können wir schon morgen einen Unterschied machen. Unsere Achtsamkeit kann einem Menschen im Straßenverkehr das Leben retten und unser Mitgefühl anderen dringend benötigte Wärme schenken. Ein Gedanke oder eine geteilte Erfahrung können unsere Mitmenschen inspirieren und weit über unseren persönlichen Wirkungskreis hinausreichende Folgen haben. Das Leben hat so viele Überraschungen zu bieten. Und genau das ist ein Grund, offen und motiviert zu bleiben, und zwar in buchstäblich jeder Lebenssituation.

Ich möchte dir zum Abschluss von Terry Fox erzählen, dem jungen kanadischen Helden, der mich zutiefst beeindruckt hat.

Marathon of Hope

Terry Fox, 1958 geboren, war ein kanadischer Sportler. Er war erst achtzehn, als bei ihm aggressiver Knochenkrebs diagnostiziert wurde. Am Abend, bevor sein rechtes Bein amputiert wurde, schwor sich Terry, ganz Kanada laufend zu durchqueren. Nachdem er die Chemotherapie hinter sich gebracht hatte, trainierte er vierzehn Monate lang hart, um sich an seine Prothese zu gewöhnen. Dabei nahm er alle Schmerzen und Widrigkeiten in Kauf, denn er wollte sich nicht geschlagen geben und trotz seiner Krankheit etwas bewirken. Denn Terry hatte eine Mission: Mit dem Marathon of Hope wollte er das Bewusstsein der Menschen für die Erkrankung sensibilisieren und Spenden sammeln, um die Forschung weiter voranzutreiben.

Dann, im Frühjahr 1980, rannte er los. Seine Strecke führte vom östlichsten Punkts Kanadas am Atlantik siebentausend Kilometer Richtung Vancouver, an die Pazifikküste. Nach dreiundsiebzig Tagen erreichte er Montreal, wo er sich einen Tag Ruhe gönnte. Dann machte er sich wieder auf den Weg, lief bei Schnee, Regen und Sturm, angefeuert von seiner Mission, seiner Familie und seinen Freunden. Die Medien wurden schließlich auf den jungen Läufer aufmerksam und unterstützten ihn beim Spendensammeln. Terry erhielt die Chance, den Anstoß bei einem Spiel der Canadian Football League zu schießen. Als der Stadionsprecher ihn ankündigte und von seinem Schicksal erzählte, brach die Menge in wahre Begeisterungsstürme aus. Die Menschen liebten ihn für seinen Enthusiasmus und seine unbedingte Ehrlichkeit. Immer wieder setzte er sich für Kinder ein, die das gleiche Schicksal hatten wie er, und spendete ihnen Hoffnung.

Tausende hießen ihn in Toronto willkommen. Längst hatte sein Marathon Millionen Dollar an Spenden eingebracht. Doch er rannte weiter.

Am einhundertzweiundvierzigsten Tag seines Laufes hatte er eine heftige Hustenattacke und wurde ins Krankenhaus eingeliefert. In seiner Lunge hatten sich Metastasen gebildet, und so musste sich Terry nach fünftausenddreihundertdreiundsiebzig Kilometern geschlagen geben. Doch seine Kampagne hatte die unglaubliche Summe von über vierundzwanzig Millionen Dollar Spenden eingebracht, und Terry erhielt für seine läuferische Leistung nicht nur einen Eintrag ins Guinnessbuch der Rekorde, sondern den Ehrentitel »Companion of the Order of Canada«. Vor allem aber gewann er einen Platz im Herzen der Menschen. Terry starb im Juni darauf im Kreis seiner Familie.

Denkst du oft an all die Dinge,
die du gern einmal tun würdest?
Aber was hält dich eigentlich davon ab, neue,
aufregende und interessante Dinge auszuprobieren?
Leben bedeutet, Pläne zu durchbrechen, bestimmte
Einschränkungen infrage zu stellen und
Gewohnheiten zu verändern.
Leben heißt auch, Neues auszuprobieren und
all die Chancen für Glück, Spaß und Begegnungen
wahrzunehmen, die einem geboten werden.

Mein Tipp

Um rundum glücklich und zufrieden zu sein, berücksichtige die fünf Bereiche Partnerschaft/Familie, Persönlichkeit/Erfolg, Arbeit/Berufung, Geld/Business und Körper/Gesundheit, denn sie sind die Säulen unseres Lebens.

🍀 Termine haben etwas Bindendes. Deshalb empfehle ich dir, für jeden Tag der Woche einen schnellen Termin mit dem Glück auszumachen: eine, zwei oder fünfzehn Minuten, in denen du dich deiner inneren Zufriedenheit widmest.

Und wenn du absolut keine Motivation hast, etwas zu tun:

🍀 Mach trotzdem den ersten Schritt. Oft merkst du dabei erst, wie gut es dir tut, und plötzlich ändert sich alles, und du bist mit dabei.

191

Lass los

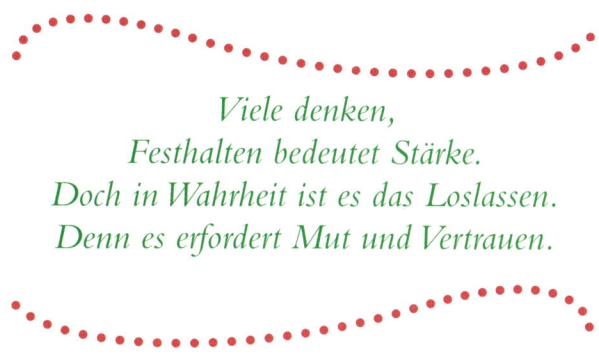

Viele denken,
Festhalten bedeutet Stärke.
Doch in Wahrheit ist es das Loslassen.
Denn es erfordert Mut und Vertrauen.

Befreie dich!

Loslassen ist die Königsdisziplin unter all den Aufgaben, denen wir uns stellen müssen. Das ganze Leben besteht aus Loslassen. Es beginnt, wenn wir die schützende Hülle des Mutterleibs verlassen, und setzt sich fort mit jedem Entwicklungsschritt bis hin zu dem Moment, in dem wir das Leben selbst loslassen müssen und unseren letzten Atemzug tun.

Vielleicht kennst du dieses Gefühl, wenn man sich ganz auf eine Sache konzentrieren musste, und dann, endlich, kommt der Tag, an dem alles erledigt ist und man loslassen kann. Erinnerst du dich daran, wie es sich angefühlt hat, als du einen wichtigen Auftrag erledigt hast und dafür gelobt worden bist? Wie du eine Prüfung geschafft hast oder wie ein Fest, das du geplant hast, zum vollen Erfolg wurde?

Wenn man loslässt, ist man befreit und atmet auf. Alle Anspannung fällt von einem ab. Man hat endlich wieder Zeit für andere Dinge. Zufriedenheit stellt sich ein – bis man die nächste Aufgabe in Angriff nimmt.

Das Interessante ist, dass man Positives viel leichter loslässt als Negatives. Wenn wir Erfolg oder eine schöne Begegnung hatten, denken wir noch eine Weile daran, doch irgendwann erfordern neue Situationen unsere Aufmerksamkeit, und wir lassen das positive Ereignis mit einem guten Gefühl hinter uns.

Ungleich schwerer fällt es uns, Negatives loszulassen – unangenehme Ereignisse, negative Gefühle, Fehler, die wir gemacht haben, Streitereien, enttäuschte Erwartungen, vor allem aber Menschen. Nachts kreisen unsere Gedanken um das Thema, und tagsüber können wir uns nicht richtig konzentrieren, weil wir immer wieder daran denken müssen. Wir können uns einfach nicht freimachen. Und wenn wir glauben, endlich ein Stück weitergekommen zu sein, erinnert uns etwas an die Vergangenheit, und schon sind wir wieder in dem Hamsterrad unserer Gedanken gefangen. Negative Erfahrungen ziehen unsere Gedanken magisch an. Sie erschüttern uns in unserer Sicherheit und unserem Selbstvertrauen. Wir erkennen, dass unser Leben ständigen Veränderungen unterworfen ist, auf die wir oft keinen Einfluss haben.

Wenn wir einen Fehler gemacht haben, ist es wichtig, dass wir uns damit beschäftigen. Nur so können wir daraus lernen und vermeiden, dass wir ihn wiederholen. Ein Verlust tut weh, wir können einen Menschen nicht auf Knopfdruck vergessen. Doch wir dürfen nicht zulassen, dass negative Ereignisse und Kummer unser weiteres Leben auf Dauer überschatten. Damit berauben wir uns selbst so vieler schöner Dinge, die noch auf uns warten.

Wenn sich eine Tür in unserem Leben geschlossen hat, hilft es uns nicht, über Jahre hinweg darauf zu starren. Wir müssen uns umdrehen und weitergehen. Meist öffnet sich genau in

diesem Moment schon die nächste. Denn Leben heißt wachsen – an Gelegenheiten, an Fehleinschätzungen, an Verlusten.

Loslassen und festhalten

Loslassen fällt uns deshalb so schwer, weil das Gegenteil – das Festhalten – eine ganz natürliche Eigenschaft von uns Menschen ist.

Der Prozess des Loslassens und Festhaltens ist immer der gleiche – ob du nun einen alten Mantel ausrangieren willst oder dich von Freunden trennst, die dir nicht guttun.

Stell dir vor, du hast fünf Mäntel und möchtest dir zu Weihnachten einen neuen kaufen. In deinem Schrank ist kein Platz mehr. Du probierst die Mäntel an und merkst, dass der älteste nicht mehr richtig passt. Er gefällt dir längst nicht mehr, auch wenn er eine gute Qualität hat. Also entscheidest du dich, ihn an ein Obdachlosenasyl zu spenden. Endlich ist wieder Platz im Schrank, dein Mantel wird einen anderen Menschen wärmen – und du freust dich, shoppen zu gehen und dir etwas Neues zu gönnen. So weit, so gut.

Als du schlafen gehst, fangen deine Gedanken plötzlich an, um den Mantel zu kreisen. Eine Weile mochtest du ihn wirklich gern. Er stand dir so gut! Und was war das damals für eine Zeit, als du ihn getragen hast … Plötzlich merkst du, welche Erinnerungen mit dem Mantel verbunden sind. Je länger du daran denkst, desto stärker wird deine gefühlsmäßige Verbundenheit mit ihm. Doch du hast ihn fortgegeben, daran ist nichts mehr zu ändern. Du tröstest dich und sagst dir, dass er jetzt jemand anderen wärmt. Aber du kennst deinen Verstand, nicht wahr? Und deshalb wundert es dich nicht, dass dir die größten Zweifel kommen. Du fragst dich, ob deine Spende überhaupt beim richtigen Menschen angekommen ist. Ob du den Leuten bei der Spendenannahme überhaupt vertrauen kannst. Man liest doch so viel, gerade neulich stand wieder in der Zeitung, dass Spenden veruntreut wurden … am Ende haben sie ihn sich selbst unter den Nagel gerissen. Deinen Mantel! Und überhaupt – wissen sie denn, wie man ihn pflegt? Schließlich war er nicht billig.

Du seufzt, an Schlaf ist nicht zu denken. Dann kommt dir ein neuer Gedanke. Vielleicht ist der Mantel ja nächstes Jahr wieder modern? Und wenn du endlich die zwei Kilo abnimmst, was dann? Dann würde er perfekt passen!

Spätestens jetzt hast du große Zweifel, ob es eine gute Entscheidung war, den Mantel auszurangieren. Nächstes Mal, so sagst du dir, gebe ich nicht so leichtfertig etwas fort, das ich am Ende noch gebrauchen kann.

Geh deinen eigenen Weg,
denn es ist dein Leben.
Andere Menschen leben
es vielleicht mit dir,
doch niemand lebt es
für dich!

Und so sammeln sich deine Sachen an, und du brauchst dringend einen neuen Schrank. Eigentlich ist in der Diele schon kein Platz mehr, aber du könntest dein Schlafzimmer umstellen. Es wird dann zwar etwas eng, aber was bleibt dir anderes übrig …

Kommt dir das bekannt vor?

Wir hängen an unseren Dingen, und selbst wenn wir eine vernünftige Entscheidung treffen und sie weitergeben, will ein Teil von uns sie festhalten und horten. Das ist ganz natürlich, ein uralter Mechanismus auf der »Festplatte Mensch«, wohl noch aus der Zeit der Sammler. Doch wenn wir immer mehr anhäufen, tun wir uns selbst nichts Gutes. Mit allem, was wir festhalten, binden wir unsere Energie.

Festhalten beginnt schon auf einer frühkindlichen Ebene. Kleine Kinder lieben es zu sammeln: Steine, Muscheln, Kastanien. Wenn sie damit spielen, bauen sie eine Beziehung zu den Dingen auf. Und was man lieb hat, will man nun mal nicht fortgeben.

Wenn die Bezugspersonen selbst zum Festhalten neigen, prägt sich dieses Verhaltensmuster beim Kind ein. Und das betrifft nicht allein Spielzeuge, die gehortet werden. Eine Bezugsperson, die das Kind zu stark umhegt und nicht zur Selbstständigkeit ermutigt, sorgt unbewusst dafür, dass das Kind abhängig bleibt. Wenn die Mutter oder der Vater sich nur wenige Minuten aus dem Blickfeld entfernen, fängt es an zu weinen, und seine kleine Welt stürzt ein.

Um sich gut zu entwickeln, muss das Kind jedoch lernen, dass Menschen, auch wenn sie kurz aus dem Raum verschwinden, dennoch da sind. Deshalb lieben Kinder Versteckspiele. Dabei wird ihnen bestätigt, dass es völlig in Ordnung ist, kurz allein zu sein. Mutter oder Vater tauchen wieder auf, die Sicherheit kehrt zurück, und es war eigentlich gar nicht so schlimm, allein zu sein. So wächst ein gesundes Selbstvertrauen.

Menschen, die dieses Gefühl nicht entwickelt haben, neigen zum Klammern. Sie fühlen sich abhängig von anderen – vom Wohlwollen, vom Lob, von der Zuneigung. Und diese Abhängigkeit ist so stark, dass sie alles tun, um einen Menschen zu halten. Sie würden sich lieber selbst verlassen, als das Risiko einzugehen, von anderen verlassen zu werden. Was ihnen fehlt, ist das Vertrauen in sich selbst und in das Leben.

> Der Tod ist nicht der schlimmste Verlust im Leben. Der schlimmste Verlust ist, wenn etwas in dir stirbt, während du am Leben bist.

Mut und Vertrauen

Vertrauen ist ein wichtiges Element, um loslassen zu können. Warum, glaubst du, nehmen so viele Menschen lieber das bekannte Unglück in Kauf, als das unbekannte Glück zu wagen?

Loslassen geht immer mit Veränderung einher, und das macht uns Angst. Wenn wir Vertrauen in das Leben entwickeln, nehmen wir dieser Angst die Spitze. Wir sind keine kleinen Kinder mehr, die abhängig von anderen sind. Und selbst wenn wir in unserer frühen Kindheit nicht die Gelegenheit hatten, ein gesundes Selbstvertrauen zu entwickeln, wissen wir heute: Alles, was sich in unserem Leben ereignet, bringt uns ein Stück näher zu uns selbst. Auch wenn wir nicht daran glauben, dass alles im Leben einen Sinn hat, können wir jedem Ereignis einen Sinn geben. Doch solange wir in unseren diffusen Ängsten gefangen sind, stellt das Loslassen eine Herausforderung dar. Es heißt auch, dass man sich zutraut, etwas zu tun, wovor man Angst hat. Und hier kommt der Mut ins Spiel. Mut, sich auf etwas Neues einzulassen. Mut, eine neue Tür zu öffnen, auch wenn man noch nicht weiß, was sich dahinter verbirgt.

Das Gute am Loslassen ist die Tatsache, dass es ein Prozess ist, für den wir uns Zeit nehmen können. Wenn wir uns in ihn hineinbegeben, wachsen wir mit jedem Schritt. Wir lernen, Pro und Kontra abzuwägen. Wir scheuen uns nicht, alle Gefühle, die in uns aufsteigen, zuzulassen und zu akzeptieren. Und während wir an uns und unserer Aufgabe wachsen, nähern wir uns dem eigentlichen Loslassen immer mehr an. Weiter unten gehen wir gemeinsam die vier Schritte, die notwendig sind, um loszulassen. An dieser Stelle möchte ich dich gern noch mal an die anderen Glückszutaten erinnern. Wenn du regelmäßig deine kreisenden Gedanken stoppst und positiv ausrichtest sowie deine Ängste konfrontierst, gelingt dir das Loslassen viel leichter.

Nun aber lass uns näher auf die Schwierigkeiten eingehen, die auftauchen, wenn wir loslassen wollen oder müssen.

Der Kopf muss lernen loszulassen, damit die Seele wieder atmen kann.

Akzeptieren

Alles, was wir erleben, schlägt sich in unserem gesamten Wesen nieder, in Körper, Geist und Seele. Und das bezieht sowohl den Verlust als auch das Festhalten und das Loslassen mit ein.

Wenn jemand, den wir lieben oder der uns viel bedeutet, sich von uns trennt, tut das weh. Wir brauchen Zeit, um uns an die Situation zu gewöhnen, und wehren uns zugleich dagegen, denn wir wissen: Sobald wir den anderen gehen lassen, akzeptieren wir die Situation. Dann gibt es kein Zurück mehr. Sobald man aber erkennt, dass es kein Zurück mehr gibt, dass man die Vergangenheit nicht ändern kann, beginnt der Prozess der Befreiung.

Wenn wir verlassen worden sind, weigern wir uns möglicherweise, an diesen Punkt zu kommen. Der oder die andere ist noch so stark mit uns verwoben, dass wir uns einfach nicht vorstellen können, allein weiterzumachen. Wir hoffen, dass sich alles wieder einrenkt. Vielleicht schieben wir die Schuld auf uns, sagen uns, wir seien nicht gut genug. Wir lehnen uns ab – und das ist gefährlich, denn jede Trennung hat immer mit beiden Beteiligten zu tun. Und wir sollten uns niemals verlassen, um einem anderen zu gefallen.

Vielleicht schieben wir die Schuld auch auf den anderen. Wir lassen kein gutes Haar an ihm. Doch obwohl wir ihn oder sie pausenlos schlechtmachen, wünschen wir uns nichts sehnlicher, als dass alles wieder beim Alten ist.

Was uns am heftigsten aus der Bahn wirft, ist die Erkenntnis, dass wir keine Macht über die Handlungen und die Gefühle anderer haben. Aber genau dieser Punkt ist wichtig und Teil unserer Loslasstechnik auf Seite 209. Wir können immer nur an uns arbeiten, für uns selbst die Verantwortung übernehmen. Wir können den anderen lieben, ihm aber nicht befehlen, uns zu lieben. Wenn wir uns eingestehen, dass wir keine wirkliche Macht über andere Menschen haben, lernen wir, uns auf uns selbst zu besinnen. In diesem Augenblick befreien wir uns aus der Opferrolle, und wir haben wieder Zugang zu unserer Kraft, unserem Potenzial. Wir sind ganz auf uns selbst zurückgeworfen, und es liegt an uns, alle unsere Ressourcen zu aktivieren, um an der Situation zu wachsen und unser Leben wieder zum Guten zu wenden.

Ganz ehrlich: Kennst du nicht auch viele Menschen, die sich getrennt haben und anschließend viel glücklicher geworden sind? In uns allen steckt ein Phönix, der sich aus der Asche erhebt, um seine Schwingen zu entfalten und wieder zu fliegen.

Loslassen – das Thema meines Lebens

Das erste große Loslassen begann, als ich zwölf war. Zuerst war es das Gefühl der Sicherheit, das mir abhandenkam. Dann musste ich Freunde loslassen, und das tat weh. Meine Heimat loslassen zu müssen fiel mir schwer, doch es gab keinen Ausweg, wenn wir überleben wollten. Manchmal dachte ich daran zurück, und dann stiegen Tränen in mir auf. Ich wusste, ich hatte mein Zuhause für immer verloren. Ich träumte davon, zurückzukehren und das Holzpferdchen wiederzufinden, das ich vor unserer Flucht versteckt hatte – als Symbol für alles, was ich zurückgelassen hatte. Doch ich wusste, das war nur eine Wunschvorstellung. Später lernte ich, Schüchternheit und Angst hinter mir zu lassen. Erneut musste ich mich von Freunden trennen, als ich realisierte, dass sie mich ausnutzten und hinunterzogen, weg von mir und in eine Welt, die nicht die meine war. Dann ließ ich die Sicherheit meines Arbeitsplatzes los, um meinem Traum zu folgen. Auch meine Oma musste ich schließlich loslassen, denn für sie war die Zeit gekommen, aus dem Leben zu gehen. Ich konzentrierte mich auf die immense Dankbarkeit, die ich für sie empfand, und spürte, wie der Schmerz um den Verlust irgendwann erträglicher wurde.

Aus allen diesen Lektionen zog ich letzten Endes die Erkenntnis, dass ich das, was geschehen war, nicht ändern konnte. Jedes Mal, wenn ich akzeptierte, dass eine Phase in meinem Leben zu Ende gegangen war, konnte ich weitergehen. Neue Energie wurde frei und zog etwas anderes in mein Leben: ein Geschenk oder eine neue, wichtige Lektion.

Was wohl als Nächstes auf mich wartet? Ich bin gespannt darauf und habe das unerschütterliche Vertrauen, dass es mich näher zu mir selbst bringen wird. Ohne das, was in meinem Leben passiert ist, wäre ich ein ganzes Stück weniger ich selbst. Und ganz ehrlich: Ich bin neugierig darauf, was noch alles auf mich wartet.

EINE TRENNUNG UND EIN HAPPY END

Ich erinnere mich an ein Erlebnis auf einer Kreuzfahrt, auf der ich als Coach dabei war. Das Schiff nahm eine besonders romantische Route entlang der thailändischen Küste. Das Wasser schimmerte türkisfarben und war so glasklar, dass die Boote ringsum zu schweben schienen.

Claudia, eine der Seminarteilnehmerinnen, kam eines Morgens in mein Loslass-Seminar, sie hatte ganz verweinte Augen. Wie sich herausstellte, hatte ihr Mann sich tags zuvor von ihr getrennt. Das Schiff war ausgebucht, und so mussten die beiden die kommenden zwölf Tage weiter eine Kabine teilen. Eine Situation, die sie zusätzlich quälte. Am liebsten wäre sie von Bord gegangen.

»Ich muss lernen, ihn loszulassen. Aber ich habe keine Ahnung, wie ich das schaffen soll«, sagte sie zu mir.

Wir vereinbarten einen Einzeltermin. Claudia erzählte mir vom frühen Tod ihres Vaters. Ihr erster Freund hatte sie nach zwei Jahren verlassen. Sie hatte es nicht ertragen, allein zu blei-

ben, und war in die nächste Beziehung geschlittert, die wenige Monate später zerbrach, und immer so weiter. Mit Anfang dreißig hatte sie Thomas kennengelernt und ein Jahr später geheiratet. Jetzt, fünf Jahre später, stand auch diese Beziehung vor dem Aus.

»Er darf mich nicht verlassen!«, beteuerte Claudia. »Ohne ihn kann ich nicht leben.« Ein Gefühl, das wir alle so schon einmal verspürt haben.

Ich ließ sie weitererzählen, zumal ich den Eindruck hatte, dass ich das ganze Bild noch längst nicht kannte.

»Ich habe immer alles für ihn getan. Jeden Wunsch habe ich ihm von den Augen abgelesen. Und jetzt? Jetzt will er mich trotzdem verlassen.«

Tatsächlich hatte Claudia ihr eigenes Wesen völlig aufgegeben. Sie hatte sich täglich stundenlang den Kopf zerbrochen, was sie tun konnte, um Thomas zufriedenzustellen. So war auch dieser Urlaub zustande gekommen. Eigentlich mochte sie gar keine Kreuzfahrten. Viel lieber wäre sie den Jakobsweg entlanggewandert oder mit dem Rad die Donau hinuntergefahren. Doch weil Thomas ständig vom Indischen Ozean geschwärmt hatte, hatte sie die Reise organisiert und gehofft, auf diese Weise ihre Beziehung zu stärken. Claudia war überzeugt, immer wieder Opfer für die Beziehung gebracht zu haben. Ein Stück weit hatte sie sich selbst geopfert, ohne sich bewusst zu sein, was sie damit anrichtete.

Thomas aber wünschte sich die Frau zurück, in die er sich Jahre zuvor verliebt hatte, die selbstbewusster aufgetreten war und ihm auch mal Kontra gegeben hatte. Er hatte das Gefühl, seine Frau längst verloren zu haben.

Claudia begriff, dass sie loslassen musste, und zwar nicht so sehr Thomas, sondern in erster Linie ihre Angst vor dem Verlas-

senwerden. Es war schmerzhaft für sie, sich den vielen Verlusten zu stellen, die sich in ihrem Leben angehäuft hatten. Doch ihr war klar, dass kein Weg daran vorbeiführte, wenn sie jemals wieder eine glückliche Beziehung führen wollte. Nachdem ich mit ihr gearbeitet hatte, veränderte sie ihre Perspektive. Sie erkannte, dass sie bei sich beginnen musste. Das ist die Macht des Loslassens, es geschieht ohne Druck, wenn wir den richtigen Ansatz finden. Wir betrachten das Gesamtbild und erkennen darin die Wahrheit. (Dazu später mehr in der Übung.)

Das Schöne daran war, dass Thomas erkannte, warum Claudia sich von sich selbst wegbewegt hatte. Er versicherte ihr, dass er sie so geliebt hatte, wie sie wirklich war, dass er ihr wahres Wesen vermisste. Am letzten Abend auf See beschlossen die beiden, es noch einmal zu versuchen, und so gab es letztlich ein Happy End.

Claudias Geschichte hat mir damals gezeigt, wie wichtig es ist, sich der Angst im Leben zu stellen. Ich wünsche mir, dass du ebenso viel Mut aufbringst und das Glück, das sich jenseits der Angst verbirgt, in dein Leben zurückholst.

Negative Gedanken und Gefühle

Es sind nicht nur Trennung und Verlust, die uns zum Loslassen auffordern. Streitigkeiten und Situationen, in denen wir uns ärgern, können uns wertvolle Stunden unseres Lebens vergällen. Wir sind verspannt, der Blutdruck klettert in die Höhe, und die Gedanken kreisen unaufhörlich um das Objekt des Ärgernisses. Immer wieder wälzen wir die Worte, die gesagt wurden, werten sie als Angriff gegen unsere Person und steigern uns womöglich dermaßen hinein, dass wir schließlich glauben, die ganze Welt habe sich gegen uns verschworen.

An seinem Ärger festzuhalten
ist genauso, wie eine glühende Kohle
in die Hand zu nehmen,
um sie nach jemandem zu werfen.

Buddha

Ganz ähnlich kann der Zweifel von uns Besitz ergreifen, das Misstrauen, die Selbstvorwürfe. Je mehr wir lernen, unsere Gedanken zu beobachten, desto leichter fällt es uns, sie zu stoppen, bevor sie uns in ihrem Netz gefangen halten.

Wenn negative Situationen in unserem Leben immer wiederkehren und die begleitenden Gefühle nicht vergehen wollen, ist es nötig, ihren Ursprung zu erkennen und an den zugrunde liegenden Mustern zu arbeiten. Sonst geht es uns noch wie dem Wanderer in der folgenden Geschichte, die aus dem alten Persien stammt …

SO VIELE LASTEN

Es war einmal ein Wanderer, der sich an einem weit entfernten Ort ein neues Leben aufbauen wollte. Er war über und über mit Lasten behangen: Ein Sandsack hing auf seinem Rücken, über der Schulter und an den Händen trug er weitere Taschen und Säcke mit Ziegeln und Lehm. Um seine Mitte war ein schwerer Wasserschlauch geschlungen. Auf dem Kopf balancierte er einen Felsbrocken, und um seinen Hals lag ein Mühlstein. Und so marschierte er einen langen, beschwerlichen Weg entlang, begleitet von Hitze und Staub. Er beklagte sich bitter, während er schwitzend einen schleppenden Schritt nach dem anderen tat.

Da kam ihm ein Bauer entgegen.

»Sag, müder Wanderer, warum trägst du so schwer? Warum schleppst du den Felsbrocken auf dem Kopf herum? Solche Steine gibt es doch überall zuhauf.«

Der Wanderer blickte sich misstrauisch um und erkannte, dass der Bauer recht hatte.

»Zu dumm«, sagte er. »Das habe ich gar nicht bemerkt.« Und er nahm den Felsbrocken von seinem Kopf und ließ ihn erleichtert am Wegrand liegen. Dann bedankte er sich bei dem Bauern und ging weiter seines Weges, der schon bald steil aufwärtsführte. Die Steigung bereitete ihm arge Mühe, und er glaubte schon, aufgeben zu müssen.

Da kam ihm ein Bursche entgegen.

»Sag, Wanderer, warum trägst du so einen schweren Sandsack auf dem Rücken? Auf der anderen Seite des Hügels gibt es genug Sand.«

»Wirklich?«, fragte der Wanderer. »Das war mir nicht klar.« Er ließ den Sandsack zu Boden gleiten, leerte ihn aus und setzte den Weg fort.

Und so ging es immer weiter. Nach und nach befreite sich der Wanderer mithilfe anderer von seinen Lasten. Am Ende war nur noch der Wasserschlauch übrig, doch auch der war alles andere als leicht.

Da kam ein Kaufmann des Weges. »Wo willst du denn hin? Die Wüste Gobi durchqueren?«

»Warum?«, entgegnete der Wanderer. »Ich habe einen langen Weg vor mir und muss zwischendurch trinken.«

Der Kaufmann deutete auf den Bach, der parallel zum Weg verlief. »Der Weg führt die nächsten hundert Meilen immer am Bach entlang. Bist du sicher, dass du dich derart belasten willst?«

Wie konnte ich nur so dumm sein?, fragte sich der Wanderer. Da wurde ihm klar, dass er noch immer den Mühlstein um den Hals trug. Als er sich von ihm befreite, konnte er endlich aufrecht stehen und das weite Land sehen, das sich vor ihm erstreckte. Und ihm kam die Erleuchtung. Alles, was er mit sich geschleppt hatte, war unnötig gewesen: Steine, Sand, sogar das Wasser. All das gab es zuhauf, er hatte es nur nicht gesehen.

Der Wanderer wickelte den Schlauch von seinem Körper, goss das Wasser aus und genoss, wie leicht er sich mit einem Mal fühlte. So ging er singend am Bach entlang, um sich eine Herberge für die Nacht zu suchen.

Lass uns nun nach all den Lasten suchen, die du mit dir herumschleppst und bisher noch nicht bereit warst loszulassen.

Anleitung zum Loslassen

Die folgende Technik unterstützt dich darin, dein Problem aus neuen Perspektiven zu betrachten, um es ganz natürlich loslassen zu können. Bevor wir Schritt für Schritt vorgehen, wollen wir Folgendes verinnerlichen.

- 🍀 Wir gehen in kleinen Schritten voran, die du allesamt bewältigen kannst.
- 🍀 Jeder Weg, auch wenn er noch so lang und steinig ist, beginnt mit dem ersten Schritt.
- 🍀 Wir müssen uns nicht ändern, wir ziehen nur Alternativen in Betracht.
- 🍀 Du findest selbst die Wahrheit.

Übung

Schritt 1
Der Rundumblick
Benenne alle Situationen, in denen dir das Loslassen schwerfällt. Denke dabei daran, dass alles, was sich außerhalb von dir befindet, nicht in deinem Wirkungskreis liegt. Konzentriere dich stattdessen auf dich selbst und finde deinen Kern-Glaubenssatz.

Anschließend frage dich, ob er zu hundert Prozent stimmt.

Ein Beispiel: Nach der Trennung von deinem Partner fällt es dir schwer, dich von ihm zu lösen. Ständig sagst du dir: Mein/e Ex sollte wieder mit mir zusammen sein. Seine/ihre neue Partnerin soll ihn freigeben.

Schließlich erkennst du, dass du keinen Einfluss auf sein oder ihr Verhalten hast, sondern dich nur auf dich selbst besinnen kannst. Das führt dich zu deinem Kern-Glaubenssatz: Ich kann ohne ihn/sie nicht leben.

Dies ist deine eigene Wahrheit, mit der du nun arbeiten kannst. Frage dich, wie wahr sie objektiv betrachtet ist. Stimmt das zu hundert Prozent? Kannst oder willst du nicht ohne ihn/sie leben?

Während du in dich gehst, erkennst du, dass du zwar ohne ihn oder sie leben kannst, der Gedanke aber sehr wehtut. Damit gelangst du zu deinen Gefühlen, die wir in Schritt 2 genauer betrachten.

Schritt 2
Gefühle und Reaktionen analysieren
Denke an dein Problem und die damit einhergehenden Gefühle.
Wie fühlst du dich, wenn du an der Situation oder dem Menschen weiter festhältst? Wenn du an deinem Glaubenssatz festhältst?
Wie reagierst du darauf?

In diesem Schritt stellst du dich den Gefühlen, die mit dem Objekt des Loslassens verbunden sind. Du wirst mit großer Wahrscheinlichkeit dem Schmerz und der Angst begegnen. Du weißt bereits, dass es dir weiterhilft, dich deinen Ängsten zu stellen, weil sie Wegweiser zu wichtigen Themen in deinem Leben sind.

In unserem Beispiel geht es um die Reaktionen und Gefühle zu dem Thema Liebe und Verlassenheit. »Er/sie liebt mich nicht. Er/sie sollte wieder bei mir sein … Ich bin nicht liebenswert. Ich kann ohne ihn/sie nicht leben …« Was löst all das in dir aus?

Warum ist es so? An welche anderen Situationen in deinem Leben erinnert es dich? Was wird passieren, wenn die Trennung wirklich endgültig ist? Kannst du es akzeptieren? Welche Lösungen gibt es für dich, dennoch glücklich zu werden?

Schritt 3
Die Bilanz (Gewinn und Verlust)
Nun bitte ich dich, ein Blatt Papier zu nehmen und eine Mittellinie zu ziehen. Schreibe in die linke Spalte, was du verlierst, und in die rechte, was du gewinnst, wenn du ein Thema, eine Situation oder einen Menschen loslässt. So siehst du schwarz auf weiß die ganzen Sorgen, die dich belasten, aber auch das Positive, Befreiende, das in dein Leben tritt, sobald du den Mut zum Weitergehen aufbringst.

Mit diesem Schritt erkennen wir die negativen Seiten unseres Egos, das festhält, weil es nicht den Kürzeren ziehen will. Wir begegnen negativen Gefühlen wie Schuldzuweisungen, Hass, Ärger, Eifersucht und Neid. Sie gehören zum Menschsein dazu – aber willst du wirklich daran festhalten? Kennst du einen Menschen, der voller Hass, Ärger, Eifersucht und Neid ist und damit glücklich sein kann?

Auf der anderen Seite stehen Liebe, Einheit, Mitgefühl, Vergebung, Verständnis – alles wichtige Elemente eines erfüllten und glücklichen Lebens, das bereits auf dich wartet. Geh noch einen Schritt weiter, bald bist du dort!

Schritt 4
Die Ich-Perspektive
Andere Menschen halten uns einen Spiegel vor, sie zeigen uns, wer und wie wir sind. In diesem Schritt formulieren wir die Schuldzu-

weisungen um und betrachten unseren Anteil an dem Problem. So steigen wir aus der Opferrolle aus und geben die Kontrolle über uns nicht länger in andere Hände. Wir übernehmen Verantwortung für uns selbst und wachsen an dem, was geschehen ist. Das ist der Schlüssel zum Loslassen! Wir aktivieren unseren Mut und unser Vertrauen und sind endlich in der Lage weiterzugehen.

Andere Menschen können uns tiefen Schmerz zufügen. Doch immer sind wir es, die es auch zulassen. Mein Tipp: Vergib den Menschen, die dir wehgetan haben … nicht unbedingt deshalb, weil sie es verdient haben, sondern weil du es verdient hast, ein altes Kapitel abzuschließen.

Wenn du dich von jemandem schlecht behandelt fühlst, forsche nach, ob du andere oder gar dich selbst schlecht behandelst. Auf diese Weise wird das, was in deinem Leben geschieht, zu einer wertvollen Lektion.

Statt »Er/sie hat mich verlassen« frage dich: »Habe ich mich verlassen?« Statt »Ich kann ohne ihn/sie nicht leben« sage dir: »Ich kann nicht leben, ohne ich selbst zu sein. Jetzt konzentriere ich mich darauf, mich zu finden.«

So begibst du dich in das innere Wachstum hinein. Du stoppst deine negativen, schuldzuweisenden Gedanken und formst sie in konstruktive Ansätze um, die dich selbst in das Zentrum deines Lebens rücken. Wenn du in dir wieder Harmonie gefunden hast, wird sie dir auch im Außen begegnen. Und genauso verhält es sich mit der Leichtigkeit, der Gelassenheit und der Liebe.

Und was kommt danach?

Wenn du den Mut aufgebracht hast, die vier Schritte zu gehen, befindest du dich im Prozess des Loslassens und der Veränderung. Wiederhole diese Schritte so oft, bis du sie verinnerlicht hast und das Loslassen zu deiner Natur wird. Manche unserer Glaubenssätze müssen wir länger bearbeiten, denn ihre Wurzeln reichen tief in unsere Persönlichkeit hinein. Während du an dir arbeitest, lässt der Schmerz immer mehr nach. Es ist nicht die Zeit, die Wunden heilt – vielmehr werden unsere Wunden zu Narben, die weniger schmerzen, bis sie kaum mehr sichtbar sind.

Schließe nun endlich die alte Tür und probiere Neues aus. Lehne die Veränderung, die du spürst, nicht gleich ab. Wenn du merkst, dass etwas nicht funktioniert, probiere etwas anderes aus. Manchmal müssen wir mehrmals loslassen, um das Leben zu bekommen, das auf uns wartet und uns wirklich glücklich macht. Denke daran: Wenn ein Leben sich verändert, ist dies oft nur ein Zeichen dafür, dass etwas Besseres zu uns unterwegs ist.

*Manchmal bringt uns
die Veränderung die Freude zurück,
die die Gewohnheit uns genommen hat.
Und sie wird schöner sein als jemals zuvor.*

Energievampire

Neben Menschen, die uns wissentlich oder unwissentlich verletzen, sollten wir auch diejenigen loslassen, die uns unnötige Kraft kosten. Dazu gehören die notorischen Opfer, Besserwisser, Schmoller, Klammerer, Kontrollfreaks, Choleriker und Giftspinnen, wie ich sie gern nenne. Auch wenn sie vordergründig unseren Rat erbitten, wehren sie sich im Grunde gegen jede Veränderung. Sie gefallen sich nämlich in ihrer Rolle und sind darauf bedacht, diese mit jedem Gespräch zu zementieren, das wir mit ihnen führen.

Im Umgang mit schwierigen Menschen begehen wir oft den Fehler, dass wir uns dauernd verteidigen oder entschuldigen. Wir lassen uns in eine passive Rolle drängen, verlieren unsere Gelassenheit und ertappen uns im Stillen dabei, dass wir es ihnen am liebsten mit gleicher Münze heimzahlen würden. Das bedeutet nichts anderes, als dass wir uns von ihnen kontrollieren lassen.

Menschen, die anderen Kraft absaugen, bezeichne ich als Energievampire. Man merkt den negativen Einfluss oft erst hinterher, dann, wenn er seine Wirkung schon erzielt hat. Nach einem Telefonat oder Gespräch mit Energievampiren fühlt man sich kraftlos und ärgert sich über sich selbst, dass man sich dem Ganzen nicht entzogen hat. Oft ist es unsere eigene Angst vor Kritik und Ablehnung, die ihnen in die Hände spielt: Wir versäumen es, Stellung für uns und unsere Belange zu ziehen. Dazu kommt, dass wir oft nicht gut Nein sagen können.

Wenn wir immer daran scheitern, uns abzugrenzen, ist die Zeit gekommen, den Energievampir aus unserem Leben zu verbannen.

- ✿ Mache dir die Gründe für die Trennung bewusst.
- ✿ Ziehe einen Schlussstrich.
- ✿ Versuche nicht alles zu verstehen.
- ✿ Entferne alles aus deinem Leben, was dich an die Person erinnert.
- ✿ Glaube daran, dass du vergessen kannst.
- ✿ Fülle den frei gewordenen Raum in deinem Leben mit positiven, inspirierenden Menschen und Dingen.

Um die Person nachhaltig aus deinem Leben zu verbannen, konfrontiere sie. Hab keine Angst!

- ✿ Bereite deine Herangehensweise vor.
- ✿ Definiere deine rote Linie: Bis hierher und nicht weiter!
- ✿ Erkläre der betreffenden Person deine Gründe, warum du den Kontakt abbrechen willst. Vermeide es dabei, unhöflich oder aggressiv zu werden.
- ✿ Triff eine Vereinbarung.

Man kann auch sanft Nein sagen, und nicht immer muss es ein endgültiger Abschied sein:

- ✿ Sage Nein und begründe es.
- ✿ Zeige Verständnis.
- ✿ Bedanke dich.
- ✿ Mache ein Gegenangebot.

Statt also die Mittagspause damit zu verbringen, einem Energievampir beim Klagen über das immer gleiche Thema zuzuhören, sage zum Beispiel: »Heute habe ich keine Zeit, ich muss noch eine Präsentation vorbereiten. Ich verstehe, dass du enttäuscht bist. Aber danke, dass du Zeit mit mir verbringen wolltest. Lass uns doch mal schauen, ob wir gemeinsam etwas unternehmen. Vielleicht hast du Lust, mal joggen zu gehen.«

Wenn du aber das Gefühl hast, du bist ohne den Energievampir besser dran, dann schlage etwas anderes vor, das dich nicht länger einbezieht. »Vielleicht würde es dir guttun, mit anderen Menschen über deine Probleme zu reden, die dir besser helfen können als ich.« Und dann lass los!

Du hast ein Recht darauf, dich mit Menschen zu umgeben, die dir guttun, und dich vor denen zu schützen, die dich benutzen. Das bist du dir selbst schuldig. Denn dein Umfeld hat immer auch eine Auswirkung auf dein persönliches Glück. Wer sich bewusst oder unbewusst deinen Veränderungen entgegenstellt, unterwandert die ganze Arbeit, die du in dein Wohlergehen steckst.

Habe keine Sorge: Energievampire zu meiden bedeutet nicht, egoistisch zu sein. Es bedeutet vielmehr, dass wir uns respektieren. Menschen können wir nicht ändern, nur unsere Einstellung diesen Menschen gegenüber.

Mein Tipp

Unser Sicherheitsbedürfnis, Entscheidungsprobleme, das bittere Gefühl, aufgeben zu müssen, die Angst vor Veränderungen und das Klammern erschweren den Loslassprozess. Vergegenwärtige dir daher immer, was dich auf der anderen Seite erwartet:

- ❀ Du wirst frei.
- ❀ Du schaffst Platz für Neues.

- 🍀 Dein Denken wird positiver.
- 🍀 Deine Gefühle verändern sich zum Guten.
- 🍀 Du wirst erfolgreicher.

Freue dich auf alles, was im Leben auf dich wartet. Denke dir kleine Rituale zum Loslassen aus, sie fördern Veränderungen und helfen beim Loslassen des alten Zustands.

>> *Loslassen heißt,
sein Leben neu zu sortieren.
Seine Zukunft zu planen, ohne sich
an die Vergangenheit zu klammern.
Sich für die Gegenwart zu öffnen
und sie zu genießen.* <<

Sei du selbst

Lass dich nicht verbiegen!
Es gibt Menschen,
die dich genau so brauchen,
wie du bist.

Du bist einmalig!

Freiheit ist, man selbst sein zu dürfen und sich von innen heraus in unsere wunderbare und zugleich herausfordernde Welt zu entfalten. Wir fühlen uns nicht länger als Fremde im eigenen Leben, sondern haben unseren Platz gefunden. Selbstbewusst treten wir aus dem Schatten der Anpassung und erlauben uns, jeden einzelnen Tag in unserem eigenen Licht zu leben. Das erfüllt uns zutiefst und macht uns glücklich.

Hab keine Angst, anders zu sein. Hab vielmehr Angst davor, immer nur der Masse zu folgen. Lass dich nicht abwerten von anderen, die dich herabsetzen, um sich selbst stärker zu fühlen. So wie du bist, bist du einmalig. So wie du bist, hast du das Recht, da zu sein. So wie du bist, wirst du auf dieser Welt gebraucht.

Das Geheimnis der Schneekristalle

Als ich als Junge nach Deutschland kam, erlebte ich den ersten richtigen Schnee. Meine Schwester und ich liefen staunend hinaus auf den Hof und versuchten die Schneeflocken einzufangen. Sie piksten auf der Haut, so kalt waren sie. Die ersten Flocken waren groß und sahen aus wie winzige Wattebäusche. Später fiel der Schnee so dicht, dass ich mit dem Zählen der einzelnen Flöckchen gar nicht mehr nachkam. Meine Wangen brannten, als ich eine gute Stunde später ins Innere der Kaserne trat, um mich aufzuwärmen.

Mein Vater hatte einen Bleistiftstummel in der Hand und zeichnete etwas auf ein Blatt Papier. Er rief mich zu sich.

»Weißt du, was das ist?«, fragte er.

»Ein Sechseck«, sagte ich und runzelte die Stirn.

»Genau«, meinte er. »Das ist die Grundform eines Schneekristalls, der sich aus Staub und Wasser gebildet hat. Wenn die Temperatur sinkt, wachsen daraus Schneesterne.«

Das Sechseck auf dem Papier verwandelte sich, als mein Vater die Wasserteilchen zeichnete, die sich an den Kanten anlagerten. Als Nächstes bekam der Kristall Eisarme und wurde bald zu einem richtigen Kunstwerk.

»So also sieht eine Schneeflocke vergrößert aus?«, fragte ich neugierig.

»Ja, genau. Und weißt du, was das Besondere ist?«, fragte er und gab mir gleich darauf selbst die Antwort. »Kein Schneekristall gleicht dem anderen.«

Gebannt schaute ich hinaus auf den Hof, wo noch immer Flocken in der kalten Winterluft umherwirbelten. Ich versuchte sie zu zählen und wollte eine Vorstellung davon bekommen, wie viele unterschiedliche Kristalle es geben könnte, doch schon bald gab ich auf und sah schweigend zu, wie der Schnee sich wie eine Decke über alles legte.

Noch Jahre später, wenn es schneite, begleitete mich der Zauber, den mein Vater an jenem Abend in der ärmlichen Kaserne heraufbeschworen hatte.

Es fiel mir schwer, mir die ungeheure Anzahl an Schneekristallen bildhaft vorzustellen, die sich alle voneinander unterscheiden. Irgendwann zog ich die Parallele zu uns Menschen. Auch wenn wir uns im Grunde stark ähneln, ist die genetische Variation immens hoch, und wir können davon ausgehen, dass alle Menschen verschieden sind – auch wenn wir alle gleich viel wert sind.

Ich erzähle dir davon, um dich darin zu bestärken, dich zu finden und du selbst zu sein. Ist es nicht faszinierend, die inneren Gedanken kennenzulernen? Die eigenen Gefühle und Reaktionen zu erkunden? Auf unsere ganz eigene Art zu lieben? Das zu finden, wofür wir eine Leidenschaft entwickeln können?

Der Wunsch, anders zu sein

Oft im Leben verleugnen wir uns. Wir wollen nicht auffallen, wollen sein wie alle anderen. Das kenne ich von mir.

Als ich nach Niedersachsen kam, fiel ich auf, weil ich anders aussah. Keiner in der Klasse hatte so dunkles Haar wie ich. Einmal bemerkte meine Großmutter, wie ich vor dem Spiegel stand und ganz unglücklich wirkte.

»Na, was ist?«, fragte sie.

»Warum kann ich nicht anders aussehen? So wie alle?«, erwiderte ich und senkte den Blick auf den Boden vor meinen Füßen.

Oma kam zu mir, drehte mich um und hob mein Kinn an. »Du meinst, du willst lieber eine Kopie von jemandem sein statt du selbst?«

Ich wurde unsicher. Nein, eine Kopie wollte ich nicht sein. »Wer willst du denn sein?«

Ich überlegte. Ein paar Jungs in meiner neuen Klasse waren beliebt. Sie waren blond und hatten blaue Augen. Wenn ich auch so aussehen würde, würde ich nicht auffallen. Aber als ich genauer nachdachte, merkte ich, dass ich nicht in allem so sein wollte wie sie.

»Du darfst dich niemals dafür schämen, so zu sein, wie du bist«, sagte meine Oma. »Jeder einzelne Mensch hat einen kostbaren Schatz tief in sich verborgen. Den wirst du eines Tages finden und zum Wohl anderer Menschen einsetzen.«

Ich war nicht überzeugt. »Aber die anderen deuten mit dem Finger auf mich und machen sich über mich lustig.«

»Ach, weißt du, am Ende werden die anderen so oder so über dich reden, egal, wie du aussiehst und was du machst. Du kannst es nicht allen recht machen. Manche Menschen sind eben so, sie fühlen sich besser, wenn sie über andere herziehen. Willst du auch so sein?«

Ich schüttelte heftig den Kopf. Nein, auf keinen Fall. Da lachte sie und sagte: »Sei stolz darauf, dass du so bist, wie du bist. Meine Mutter sagte immer: ›Irgendjemand auf der Welt ist immer klüger, schöner, jünger, älter als du … aber niemand ist genau so wie du.‹«

Gegen den Strom

Im Grunde war meine Großmutter ihrer Zeit weit voraus. Früher hatten die Menschen, insbesondere die Frauen, kaum Gelegenheit, sich selbst jenseits ihrer Rolle in der Familie bewusst zu werden. Individuation, der Weg der Reifung, hin zum eigenen Ich, war buchstäblich ein Fremdwort. Was zählte, waren Normen – wer sich daran hielt, was alle taten, war norm-al. Und wer dagegen aufbegehrte, galt als ver-rückt.

Nach meiner Ausbildung schwamm ich eine Weile mit dem Strom. Ich war zufrieden, hatte Spaß an der Arbeit, doch das Leben zog unbestimmt an mir vorbei. Nicht, dass es nicht angenehm gewesen wäre … aber ich spürte keine wirkliche Leidenschaft für das, was ich tat. Innerlich brannte ich nicht. Vielleicht wusste ich nicht einmal, was Leben heißt. Ich kannte noch nicht diese ungeheure Kraft purer Lebendigkeit.

> *Lebe dein Leben nicht, um andere zu beeindrucken!*
> *Lebe dein Leben vielmehr so, wie du es für richtig hältst,*
> *und beeindrucke dich selbst!*

Richtig lebendig fühlte ich mich erst, als ich innehielt und beschloss, gegen den Strom zu schwimmen. Nicht umsonst lautet ein chinesisches Sprichwort: »Wenn du zur Quelle willst, musst du gegen den Strom schwimmen.« Und ich hatte wirklich das Gefühl, immer näher zur Quelle zu gelangen: zu dem, was mein Herz beflügelte, meinem wahren Selbst …

An manchen Tagen kostete es Kraft, mich gegen den Zwang der Anpassung zur Wehr zu setzen. Doch ich wollte mehr: mehr Lebensgefühl, mehr Authentizität, mehr Ich-Sein. Ich wollte meinen Beitrag zur bunten Welt der Menschen beisteuern und wusste, das gelingt nur, wenn ich ganz authentisch bin.

Was geht in dir vor, wenn dich jemand auffordert, du selbst zu sein? Befindest du dich auf der Suche nach dir selbst? Bist du dir deiner selbst bewusst? Kennst du Momente oder Phasen der Unsicherheit? Fragst du dich auch manchmal: Bin das überhaupt ich?

Manchmal solltest du einfach die Augen schließen,
dein Herz öffnen und auf deine innere Stimme hören.
Dann weißt du ganz genau, was zu tun ist.

Sich finden

Vielen Menschen mangelt es an Selbstbewusstsein. Sie sind unsicher, was sie wollen, fühlen, denken sollen. Von Kindheit an wird man dazu erzogen, sich anzupassen. Wer gegen die allgemein geltenden Regeln aufbegehrt, bekommt Ärger und wird bestraft. Dann plötzlich liest man in jedem Selbsthilfebuch Sätze wie »Sei einfach du selbst – alle anderen gibt es schon.« Gar nicht so einfach! Doch um sich so richtig wohlzufühlen und im Leben zu suhlen, ist es essenziell wichtig, die eigene Persönlichkeit zu finden.

Eine der schmerzlichsten Unsicherheiten, die wir in uns tragen, nährt sich aus der Angst, nicht gut genug zu sein. Sie verführt uns dazu, irgendwelche Rollen anzunehmen, nur um gemocht zu werden. Im Alltag, aber auch in Beziehungen tragen wir oft verschiedene Masken. Wir haben den Eindruck, anders sein zu müssen, als wir sind. Warum aber sollten wir unser Leben lang Theater spielen? Menschen haben sowieso einen sechsten Sinn dafür, wenn man ihnen etwas vormacht. Irgendwann müssen wir uns der Wahrheit stellen. Und überhaupt: Wer uns nicht liebt, wie wir sind, liebt einen anderen und nicht uns. Daraus kann kein dauerhaftes Glück entstehen.

Wer eine Maske aufsetzt, hat verschiedene Beweggründe, die oft unbewusst sind:

🍀 den Wunsch, andere zu beeindrucken,
🍀 sich schützen zu wollen,
🍀 um jeden Preis gemocht werden zu wollen,
🍀 Angst vor Auseinandersetzungen,
🍀 das Gefühl, funktionieren zu müssen,
🍀 dem Bild, das andere von einem haben, entsprechen zu wollen,
🍀 Angst vor Ablehnung,
🍀 Angst, ein Außenseiter zu sein, nicht dazuzugehören.

All dem zugrunde liegt die Angst, nicht geliebt zu werden. Lass uns das genauer betrachten! Was würde passieren, wenn keiner dich liebt?

Bei der Vorstellung steigen Gefühle von abgrundtiefer Einsamkeit in uns auf. Die Angst vor Einsamkeit lässt sich zurückverfolgen über unsere Säuglingszeit hinaus bis zur Entstehung der Menschheit. Wenn Menschen einst aus der Gruppe verstoßen wurden, waren sie nicht überlebensfähig. Diese tief sitzende Existenzangst steigt immer noch in uns auf und nährt unseren Wunsch nach Anerkennung – oft um jeden Preis. Doch die Zeiten haben sich geändert. Die

Zahl der Singles nimmt zu, und viele wählen bewusst Phasen des Alleinseins, um zu sich zu finden und sich selbst treu zu sein.

Ohne geliebt zu werden, fühlen wir uns abgeschnitten, als wären wir kein Teil dieser Welt. Das tut weh. Liebe aber ist eine Energie, die unsere Welt durchdringt. Kennst du das Gefühl, wenn du frisch verliebt bist und morgens aus dem Fenster schaust? Du hast das Gefühl, du könntest vor Glück die ganze Welt umarmen. Die Liebe, die du in dir spürst, findet einen Widerhall in allem, was dich umgibt. Kein Wunder: In Wahrheit sind wir mit allem verbunden. Wir atmen dieselbe Luft, leben unter derselben Sonne. Alles, was existiert, bildet einen einzigen großen und unendlich vielfältigen Organismus. Und alles ist verbunden durch einen Wunsch: zu leben.

Die Liebe öffnet unsere Augen für die Wahrheit, die dem Leben zugrunde liegt. Diese Wahrheit aber verschwindet nicht, wenn wir gerade eine Phase haben, in der wir keinen konkreten Menschen lieben oder nicht wiedergeliebt werden. Wir sind nicht allein; das Netz des Universums fängt uns immer auf. Und wenn dich das Gefühl des Alleinseins einmal übermannt, kannst du immer hinausgehen in die Welt und einen Menschen glücklich machen. Sperre die Augen auf! Schenke dein Lächeln, deine Wärme, deine Liebe – all das kommt zu dir zurück und verbindet dich wieder mit dem Leben.

Und noch etwas: Kennst du Menschen, die ganz in dem aufgehen, was sie tun? Die überzeugt sind von sich und ihrer Aufgabe im Leben? Diese Menschen sind einfach sie selbst, ohne sich darum zu kümmern, ob alle anderen sie mögen. Ihre Schönheit liegt in ihrer Echtheit, sie haben ein unvergleichliches Charisma. Die Aufmerksamkeit und die Herzen fliegen ihnen zu – ganz einfach, weil sie sich selbst gefunden haben und authentisch leben.

Aus der Fremdbestimmung herauswachsen

Wenn wir heranwachsen, machen unsere Bezugspersonen sich ein Bild von uns. Noch sind unsere Eltern für uns die höchste und wichtigste Instanz, und wir kämen gar nicht auf den Gedanken, das Bild infrage zu stellen. Wir wissen noch nicht, dass sie nur die Anteile von uns spiegeln können, die in ihnen selbst stecken. Alles andere bleibt noch verborgen. Später, in der Pubertät, lösen wir uns von der Fremdbestimmung und wollen uns selbst finden. Wir testen Grenzen aus und fühlen uns permanent unverstanden.

Viele Menschen geraten zwischen fünfunddreißig und fünfzig Jahren in eine Krise, weil sie das Leben betrachten, das hinter ihnen liegt, und sich Sorgen um die Jahre machen, die vor ihnen liegen. In dieser Zeit hinterfragt man viel und denkt: Die Hälfte habe ich geschafft. Aber ist das schon alles? Will ich wirklich so weiterleben, oder gibt es noch mehr?

Mit dem Älterwerden erkennen wir immer deutlicher, was wir wirklich wollen, denken, fühlen. Die Lektionen, denen wir uns im Leben stellen müssen, rufen unsere inneren Ressourcen wach. Oft müssen wir über uns selbst hinauswachsen – und wachsen dabei in unser wahres Selbst hinein. Wir reifen heran, und es ist ein lebenslanger Prozess, in dem wir immer wieder Neues über uns herausfinden.

Nicht immer ist es einfach, sich von den Bildern zu befreien, die andere sich von uns gemacht haben. Dann stecken wir fest, zweifeln an uns. Solche falschen Vorstellungen können geradezu übermächtig auf uns wirken. Kannst du dir vorstellen, was es mit einem Menschen macht, der von klein auf gesagt bekommt: »Du bist dumm. Du bist ungeschickt. Du hast aber auch immer Pech. Aus dir wird nie was …«? Vielleicht hat man auch dir so etwas angetan und ein falsches Urteil über dich gefällt. Es bedeutet einen wahren Kraftaufwand, gegen solche Behauptungen anzukämpfen. Viele Menschen geben auf und glauben, was man über sie sagt. Dabei haben die Aussagen nichts mit dem Betreffenden selbst zu tun. Sie sind stattdessen ein Spiegel desjenigen, der das Urteil verkündet. Er hat selbst das Gefühl, dumm und ungeschickt zu sein, nichts wert zu sein, vom Pech verfolgt zu werden. Auch wenn dies keinem der Beteiligten bewusst ist.

Wer ein falsches Selbstbild übergestülpt bekommt, gibt entweder auf, sich zu suchen, oder hat ständig das Gefühl, anderen zeigen zu müssen, was wirklich in ihm steckt. Doch es sind nicht nur negative Behauptungen, die das Selbstwertgefühl eines Menschen zerstören können. Wer als Kind ständig hört, welches Ausnahmetalent, wie besonders, schön und klug er ist, wird übertriebenen Erwartungen ausgesetzt. Ein solcher Mensch hat es extrem schwer, wenn sich Misserfolge einstellen, denn das gehört nicht zu dem Bild, das er sich von sich selbst macht, und stempelt ihn zum Versager ab.

Wann immer wir unsere Gedanken beobachten und ihnen auf den Grund gehen, haben wir die Chance, auf frühe Urteile zu stoßen, die man über uns gefällt hat. Dann liegt es in unserer Hand, sie zu korrigieren und uns neu und positiv auszurichten. Daran, wie andere Menschen in der Vergangenheit mit uns umgegangen sind, können wir nichts ändern. Aber wir können konstruktiv mit uns selbst umgehen. Dazu gehört, uns endlich zu erlauben, wir selbst zu sein.

Wenn du dich auf deinen eigenen Weg begibst, wirst du so manches Mal anecken. Warst du bisher eifrig darauf bedacht, jegliche Konflikte zu meiden und es jedem recht zu machen, kann dein neuer Kurs für Verwirrung sorgen. Wie immer, wenn du dich veränderst, gibt es Menschen, denen dein ungewohntes Verhalten Unbehagen bereitet oder gar Angst macht. Du musst nicht radikal vorgehen, sondern kannst erklären, dass du dich gerade in einer Übergangsphase deines Lebens befindest. Es sei denn, du brauchst einen klaren Schnitt, musst dich erst mal von anderen entfernen, um dann neu zu dir und ihnen zurückzufinden.

Vielleicht fällst du in Extreme. Wenn du immer funktioniert hast, ist das auch mal in Ordnung. Wichtig ist herauszufinden, wer du bist und was du im Leben verwirklichen willst.

Du bist ganz viel wert,
einmalig und etwas Besonderes.
Hör nicht auf die,
die dir etwas anderes erzählen wollen!
Sie wollen nur, dass du dich klein
und wertlos fühlst,
damit sie sich größer fühlen können.

Das Gänseblümchen

Ich möchte dir gern eine inspirierende Geschichte über das Selbstwertgefühl erzählen …

Mitten in einem Park in einer großen Stadt wuchsen viele Blumen, die wunderschön anzuschauen waren. In einem Beet stand neben einer prächtigen roten Rose ein kleines Gänseblümchen.

Viele Menschen blieben stehen, freuten sich über das frühsommerliche Wetter und bewunderten die prächtige rote Rose. Für das kleine Gänseblümchen hatten sie höchstens abfällige Bemerkungen übrig. Einige behaupteten sogar, es sei nichts als Unkraut und habe in dem Beet nichts zu suchen.

Die Rose bildete sich eine Menge darauf ein. »Ich bin schön, groß und prachtvoll. Alle bleiben meinetwegen stehen. Du dagegen bist es nicht wert«, sagte sie zu dem Gänseblümchen.

Das wurde darauf sehr traurig. Den Nächsten, der stehen blieb, um die wunderschöne, stolze rote Rose zu bewundern, fragte das kleine Gänseblümchen leise: »Warum bewunderst du die rote Rose und nicht mich? Bin ich denn nicht auch einmalig?«

»Du bist so klein und winzig. Dich gibt es doch überall. Du bist es nicht wert.«

Das Gänseblümchen ließ den Kopf hängen und wurde noch trauriger. Es machte sich ganz klein, damit niemand es mehr sehen und verletzen konnte. So vergingen viele Tage, in denen keiner es beachtete. Die Rose aber blühte ganz auf und erntete noch mehr Staunen und Bewunderung.

Eines Tages hörte das Gänseblümchen, wie jemand sagte: »Du bist aber schön! Warum machst du dich nur so klein?« Es wunderte sich, denn noch nie hatte jemand die stolze Rose als klein bezeichnet. Es hob vorsichtig den Kopf – und erschrak.

Dicht vor ihm hockte ein Mädchen und betrachtete es. Das verwirrte das Gänseblümchen so sehr, dass es Angst bekam und schnell noch ein bisschen winziger wurde. Aus seiner Deckung heraus fragte es leise: »Wer bist du? Und was willst du ausgerechnet von mir?«

»Ich bin deine Freundin – wenn du magst«, bekam es zur Antwort. »Ich gehe oft durch den Park, aber dich habe ich noch nie gesehen. Nachdem ich dich jetzt entdeckt habe, gibt es einen neuen Grund, jeden Tag hier vorbeizuschauen und mich auf dich zu freuen.«

Mit diesen Worten stand das Mädchen auf und ging. Am nächsten Tag zur gleichen Zeit war es wieder da und begrüßte das Gänseblümchen. »Du hast so wunderhübsche zarte Blütenblätter«, sagte es. »Wenn du sie schließt, sieht man ihre Rückseite. Sie ist leicht rosa.«

Das kleine Gänseblümchen erwiderte: »Aber ich bin es doch nicht wert.«

Seine neue Freundin sagte: »Doch, kleines Gänseblümchen! Du bist sehr viel wert. Es kommt doch nicht auf die Größe an. Du bist wunderschön.«

Im Herzen des Gänseblümchens entzündete sich ein winziger Funke. Es war ein Funke der Hoffnung. Nun kam seine Freundin fast jeden Tag vorbei, und sie sprachen viel miteinander. Unbemerkt wurde das Gänseblümchen mit jedem Tag ein bisschen größer und ein bisschen weniger traurig. Der Funke der Hoffnung wuchs. Und es kamen noch andere

Funken hinzu. Noch waren die Funken klein und leicht zu zertreten. Aber sie wuchsen von Tag zu Tag und glommen immer heller. Es waren der Funke des Vertrauens und der Funke der Liebe.

Der Gedanke, dass es nichts wert sei, saß tief im Herzen des Gänseblümchens. Doch langsam wurde das Gefühl schwächer und verlor an Bedeutung – dank seiner Freundin, die Tag für Tag kam und das Gänseblümchen einfach lieb hatte, so wie es war.

Zwischen den beiden entstand eine tiefe Freundschaft. Auch das Mädchen war manchmal traurig. Aber inzwischen hatte das Gänseblümchen so viel Kraft, dass es für seine Freundin da sein konnte, und das machte beide glücklich.

Die Freundschaft, die Liebe, die Hoffnung, das Vertrauen und das Glück wuchsen, und damit wuchs auch das Gänseblümchen. Bald hatte es vergessen, dass es nichts wert sein sollte. Die rote Rose war längst verblüht. Und wenn doch mal jemand sich abfällig äußerte, machte es dem Gänseblümchen nichts mehr aus. Es hatte ja eine Freundin.

Und so wurde aus dem kleinen traurigen Gänseblümchen ein großes glückliches Gänseblümchen. Die Liebe und Freundschaft hatten ihm den Mut, die Kraft und die Zuversicht gegeben, an sich selbst zu glauben.

Diese wundervolle Geschichte, deren Verfasser mir leider unbekannt ist, spiegelt die Realität vieler Menschen wider. Viele von uns denken: Ich bin nichts wert. Sie fühlen sich wie das Gänseblümchen: klein und wertlos.

Doch das ist nicht wahr! Denn es kommt nicht auf das Aussehen, die Größe und die Meinung anderer an, sondern nur darauf, wie du wirklich bist. Du selbst bist ganz viel wert, bist einmalig und etwas ganz Besonderes. Und so bitte ich dich: Höre nicht auf die, die dir etwas anderes erzählen wollen! Sie wollen meist nur, dass du dich klein und wertlos fühlst, damit sie selbst sich größer fühlen können.

Erlaube dir und anderen, so zu sein, wie ihr nun einmal seid – einmalig.

Das Ziel des Lebens ist Selbstentfaltung. Seine eigene Natur vollkommen zu verwirklichen – dafür ist jeder von uns da.

Oscar Wilde

Zwei essenzielle Fragen

Wenn du die Glückszutaten in den vorigen Kapiteln verinnerlicht hast, bist du dir selbst längst ein großes Stück näher gekommen. Lass uns jetzt, zum Ende dieses Buches, noch einen weiteren, entscheidenden Schritt hin zu uns selbst tun.

Um herauszufinden, wer wir sind und wofür unser Herz schlägt, habe ich zwei Fragen ausgearbeitet. Bitte nimm dir Zeit, sie zu bearbeiten! Vielleicht weißt du die Antwort ganz spontan, vielleicht aber musst du eine Weile darüber nachdenken. In beiden Fällen bitte ich dich, sie zu notieren und in den nächsten Tagen und Wochen immer mal wieder anzuschauen. Vielleicht möchtest du noch etwas ergänzen, oder dir kommen neue Ideen. Hinterfrage deine Antworten auch – wichtig ist nicht, dass andere dir dafür Applaus spenden. Wichtig ist allein, dass sie deinem Innersten entsprechen und du dich hundertprozentig wohlfühlst.

Wenn du erst einmal keine Antwort weißt oder dir nicht sicher bist, kannst du ein Brainstorming machen: Du schreibst einfach auf, was dir gerade in den Sinn kommt, ohne es zu zensieren. Erlaube dir, deine Gedanken frei fließen zu lassen, ganz egal, was dabei herauskommt. Erst im zweiten Schritt sortiere aus, was nicht passt. So näherst du dich schrittweise deinen eigenen Antworten an.

Übung

Frage 1
Was würdest du dein Leben lang tun wollen, ohne dafür Geld zu bekommen?

Frage 2
Was würdest du sofort anfangen, wenn du wüsstest, du könntest nicht scheitern?

Die Antworten auf beide Fragen zeigen dir, was du im tiefsten Innern tun möchtest, weil es dir ganz und gar entspricht. Lass sie auf dich wirken, und dann gehe ihnen auf den Grund. Befreie dich von dem, was dich abhält, diesen inneren Schatz zu bergen. Und dann lebe, wonach es dich verlangt!

Als ich fünf Jahre alt war …
Als ich fünf Jahre alt war, hat mir meine
Mutter immer gesagt, dass Glücklichsein
das Wichtigste im Leben sei …
Als ich in der Schule war, wurde ich gefragt,
was ich sein will, wenn ich groß bin.
Ich schrieb: »glücklich« – und sie meinten,
ich hätte den Arbeitsauftrag nicht verstanden.
Aber ich sagte ihnen, sie hätten
das Leben nicht verstanden …
John Lennon

Zum Abschluss

Als kleiner Junge streifte ich gern durch die Wälder. Damals hatte ich einen Lieblingsbaum, eine alte Akazie. Einmal gab es einen starken Sturm. Ich stand am Fenster und beobachtete, wie sich die Bäume in unserer Straße bogen. Ich sah Blätter fliegen und Äste wegknicken. Plötzlich hörte ich ein gewaltiges Krachen. Der Baum unseres Nachbarn hatte einen mächtigen Ast verloren, der auf ein parkendes Auto stürzte.

Hoffentlich ist meinem Baum nichts passiert, dachte ich. Ich konnte es kaum abwarten, bis der Sturm sich gelegt hatte und ich hinausdurfte. Als das Wetter sich beruhigt hatte, rannte ich nach draußen und weiter in den Wald, um nachzuschauen. Ich duckte mich unter abgebrochenen Zweigen hindurch, holte mir eine Schramme. Dann endlich stand ich vor meinem Baum und atmete auf. Ihm war nichts passiert, er hatte dem Sturm getrotzt.

Wir alle sind in unserem Leben immer wieder kleinen und großen Stürmen ausgesetzt. Sie alle machen uns stärker und sorgen dafür, dass wir nicht zerbrechen, wenn ein Orkan über uns hereinbrechen sollte. Und auch wenn unser Leben von großen Katastrophen verschont bleibt, einfach weil wir Glückskinder sind, lass uns die Stürme, die Hindernisse, die Herausforderungen begrüßen! Manchmal müssen wir deshalb stärker werden, damit wir andere stützen können. Am besten gelingt uns das, wenn wir ganz wir selbst sind. Sich zu verbiegen kostet Kraft und macht uns unzufrieden. Deshalb: